Rizzoli best

Dionigi Tettamanzi

Etica e capitale

Rizzoli

ISBN 978-88-03751-8

Prima edizione: ottobre 2009

Finito di stampare nel mese di ottobre 2009
presso il Nuovo Istituto Italiano D'Arti Grafiche – Bergamo

Printed in Italy

PREFAZIONE

Mario Monti

Mario Monti
Nato a Varese nel 1943, nel 1965 si laurea in Economia presso l'Università Luigi Bocconi di Milano e successivamente si specializza negli Stati Uniti, all'Università Yale. Nel 1970 inizia a insegnare presso l'Università degli Studi di Torino, che lascia nel 1985 per diventare professore di Economia politica presso l'Università Bocconi, della quale diventa direttore dell'Istituto di Economia Politica, rettore (1989-1994) e poi presidente (1994). È stato il primo presidente del Bruegel, un think tank nato a Bruxelles nel 2005, composto e finanziato da 16 Stati membri e 28 multinazionali.

Con l'enciclica *Caritas in veritate* papa Benedetto XVI parla al mondo, alla Chiesa e anche ai singoli, interpella la mente e la coscienza di ogni persona.

È un documento che va dritto al cuore di problemi di straordinaria importanza, resi ancora più attuali e drammatici da una crisi che, esplosa nella sfera rarefatta della finanza, percorre oggi in profondità le economie e le società del mondo intero. Non sorprende perciò che questa Enciclica stia lasciando una traccia particolarmente incisiva nel dibattito intellettuale e politico, dentro e fuori l'ambito del cattolicesimo. Il Papa offre risposte, o individua principi, per rispondere a pressanti interrogativi che le stesse autorità politiche si stanno finalmente ponendo, come l'opportunità di un'Autorità mondiale per il governo dell'economia, di cui ho scritto su "Avvenire" il 2 agosto 2009 nell'articolo *Per l'economia un'Autorità mondiale. La sfida dell'Enciclica.*

La *Caritas in veritate* si rivolge poi a ognuno di noi. Non solo perché sottolinea il ruolo e la responsabilità della persona nella vita civile, sociale, economica, ma anche perché il pensiero e la dottrina contenuti nel documento sono ricchi di implicazioni diverse e articolate, che ciascuno coglierà e svilupperà in relazione alla specifica realtà nella quale vive e opera, all'esperienza umana e professionale che lo caratterizza.

L'area milanese e lombarda costituisce un terreno particolarmente sensibile alle tematiche di questa Enciclica. Si tratta di una regione e di una collettività che rappresentano la punta avanzata dell'Italia verso la globalizzazione: dotate di una forte identità locale, che si misura con l'immigrazione, di cui hanno bisogno, e con l'integrazione, alla quale l'animo lombardo è istintivamente portato pur vedendone le difficoltà, sono messe a dura prova da una crisi che, per certi aspetti, lascia segni ancora più pesanti sulle parti finora considerate all'avanguardia del tessuto economico e sociale del Paese.

Acquista perciò particolare valore l'iniziativa promossa dall'arcivescovo di Milano, il cardinale Dionigi Tettamanzi, e affidata a questo volume, di interpellare alcuni esponenti variamente impegnati nel contesto milanese e lombardo, affinché reagiscano "di persona" – ciascuno con il proprio cuore, il proprio intelletto, la propria esperienza e le proprie preoccupazioni – alle sollecitazioni contenute nella *Caritas in veritate*.

Questa sensibilità – per così dire, conoscitiva e intellettuale – del cardinale Tettamanzi appare molto coerente con l'impulso pastorale e sociale che egli stesso ha dato, nei mesi in cui la crisi esplodeva, all'urgente predisposizione di iniziative concrete volte ad alleviarne le tragiche conseguenze sulle fasce più deboli della società.

Come persona impegnata in un'università milanese – laica e molto attenta ai profili etici e sociali dell'economia, che in essa viene studiata e insegnata – guardo con profondo interesse alla *Caritas in veritate* e a questa riflessione a più voci che sull'Enciclica ha voluto promuovere l'Arcivescovo di Milano.

INTRODUZIONE

Lo sguardo della *Caritas in veritate* sulla Chiesa e sul mondo d'oggi

Eros Monti

Eros Monti

Nato a Milano nel 1958, è presbitero dal 1986 e dal 2006 vicario episcopale per la vita sociale della stessa Diocesi. Ha conseguito la laurea in Scienze economiche e bancarie presso l'Università Cattolica del Sacro Cuore di Milano e il dottorato in Teologia Morale presso la Pontificia Università di Roma. È autore del volume *Alle fonti della solidarietà. La nozione della solidarietà nella dottrina sociale della Chiesa* (Glossa, 1999) e, con Ernesto Combi, di *Fede e società. Introduzione all'etica sociale* (Centro ambrosiano, 2005).

Scopo di queste pagine è aprire una modesta porta d'accesso a un percorso straordinariamente ricco, multicolore, che non lascia come prima chi ha la costanza di percorrerlo fino in fondo, gettandosi alle spalle remore e pregiudizi. Si vorrebbe così soltanto favorire una lettura e un approccio in presa diretta all'ultima Enciclica di Benedetto XVI, la *Caritas in veritate*, promulgata il 29 giugno 2009.

Un'enciclica risente di un ricco patrimonio di pensiero, di intuizioni, di proposte; è sempre frutto di una lunga e complessa elaborazione e più ancor di una secolare esperienza storica. Provenendo da lontano, necessita di un tempo adeguato per essere realmente assimilata e accolta, affinché possa mettere radici profonde e portare frutto a favore dei suoi lettori, divenuti nel frattempo potenziali autori di qualcosa di veramente inedito. Un'enciclica è sempre più di un testo: rappresenta l'invito solenne a un impegno comune di ascolto, che la Chiesa rivolge non solo ai fedeli ma a tutti gli "uomini di buona volontà".

Per queste ragioni accostarla non è operazione scontata; richiede la pazienza dell'assaporarne gradualmente i frutti e forse anche l'aiuto di un'introduzione, come questa. È un invito alla lettura per chi volesse, in forma sia personale che condivisa, proseguire in un contatto sempre più "dal vivo" con uno dei punti più alti raggiunti fin qui dalla dottrina sociale della Chiesa.

Le ragioni di un'Enciclica sociale

Può certamente stupire, in primo luogo, il fatto che il Papa si occupi direttamente della realtà sociale toccando argomenti quali l'economia, il lavoro, la finanza, il consumo, lo sviluppo tecnologico, il progresso dei popoli, la questione delle migrazioni... Non si tratta forse di temi un po' troppo tecnici e comunque non inerenti a quanto compete strettamente alla Chiesa?

Molti, infatti, immaginano la missione della Chiesa come di "pura" annunciatrice del Vangelo, nel senso di "ripetitrice", nel tempo, del messaggio di Gesù. Tutto il resto le sarebbe estraneo, addirittura di ingombro; si può forse aggiungere qualcosa di più e di meglio al Vangelo? In realtà, gli stessi quattro Vangeli sono attestazione di un vissuto, di eventi accaduti lungo le strade della Terra santa in un determinato periodo storico ed entro un altrettanto ben delineato quadro legislativo, economico e sociale. I Vangeli non sono un messaggio piovuto dall'alto in edizione definitiva e già pronta per la lettura. Attestano invece la vicenda storica concreta che interagisce con la società del tempo di Gesù e dei suoi: la loro testimonianza si snoda infatti entro il quadro civile di allora, dal censimento al processo di fronte a Pilato.

Il primo recupero necessario per accostare correttamente la *Caritas in veritate* – come pure qualsiasi altro intervento del magistero di questo tipo – è cogliere il sociale come dimensione intrinseca all'umano stesso, come componente essenziale del vivere dell'uomo in questo mondo. Il sociale non è realtà estrinseca, aggiuntiva, estranea alla persona, quasi fosse una sorta di spazio nel quale entrare quando si vuole: denota invece un tratto ampio e sostanziale della vita di ognuno di noi. Il linguaggio è realtà condivisa, non appartiene a nessuno in particolare ed è tale proprio perché è patrimonio di tutti. Allo stesso modo i nostri giudizi, i valori, i diritti, i doveri, il mondo che abitiamo, la nostra stessa vita, sono in larga misura dipendenti da altri, ben al di là di quanto osiamo riconoscere. Ciò che è umano è anche, costitutivamente, sociale, relazionale, nel senso che proviene da altri e interagisce sempre con altri. Altri che non sono soltanto differenti da noi, ma parte di noi, di tutti, del nostro stesso vissuto. Detto con uno slogan: il sociale non è tutto, ma tutto ha una dimensione sociale.

Per questo anche la fede, in quanto promessa di pieno compimento dell'umano, non può non comprendere una propria dimensione sociale, la stessa dimensione attraverso la quale anche la nostra relazionalità può essere portata a perfezione. Di questa dimensione intrinsecamente sociale della fede ci accorgiamo a partire proprio dai testi fondamentali, normativi per lo stesso credere. L'intera Scrittura è percorsa infatti da una testimonianza di fede schiettamente relazionale: l'annuncio del Dio creatore e salvatore di tutti gli uomini, il Dio liberatore dell'Esodo, dell'Alleanza e del Decalogo, le Beatitudini, la parabola del buon Samaritano (Lc 10,29-37), il giudizio finale ("lo avete fatto a me", Mt 25,40), l'attestazione della vicenda di Israele e di quella della primitiva comunità apostolica. Nell'umanità di Cristo non un uomo solo, ma tutti gli uomini, e tutti insieme, sono salvati (cfr. la rilettura in chiave solidale, comunitaria dell'intera storia della salvezza, culminante in Cristo, fatta dal Concilio Vaticano II in *Gaudium et spes*, 32).

La questione sociale come questione morale

Ogni enciclica sociale non si limita a presentare dei contenuti, sia pur di elevato interesse, ma offre uno sguardo nuovo all'intera questione, un modo nuovo cioè di interpretare ciò che in un determinato momento storico è al centro delle più gravi tensioni che agitano l'umanità. Così, ad esempio, la *Rerum novarum*, prima grande enciclica sociale del 1891, identificava nel conflitto tra capitale e lavoro il fulcro dei problemi dell'epoca e, al tempo stesso, l'ambito di massimo impegno per ricercare soluzioni inedite ed efficaci.

La *Caritas in veritate* non si sottrae a questa regola. Guardando alla vicenda attuale dell'umanità non si limita a considerarne alcuni aspetti, pur di grande rilievo, ma si propone di mettere in luce quello che si può definire il nucleo centrale di tutti problemi di cui la società oggi soffre: la questione di "uno sviluppo umano integrale", non soltanto quindi di una crescita legata ad alcuni parametri economici o tecnologici, ma del "vero sviluppo di ogni persona e dell'umanità intera" (*CV*, 1). Uno sviluppo che, come già esplicitato nel titolo stesso, non potrà pienamente realizzarsi se non "nella carità e nella verità". La *Caritas in veritate* offre quindi uno sguardo che, a partire da ciò che più immediatamente contraddice la crescita autentica dell'uomo (problemi connessi all'andamento dell'economia, della finanza, dei rapporti tra i popoli a livello mondiale), si svolge fino a considerarne le radici etiche, culturali, religiose. Poiché soltanto affrontando con coraggio questo sostrato iscritto indelebilmente nelle profondità dell'umano è possibile non soltanto rintracciare risposte adeguate, ma trasformare anche le drammatiche dimensioni della questione sociale attuale, estesa ormai a ogni forma del rapporto tra i popoli, in occasione di crescita complessiva, integrale di tutti e di tutti insieme. Questione sociale e questione mondiale, oggi, si fondono in un'unica questione morale, unificate dalla ricerca dell'unico bene comune dell'umanità.

La 'Caritas in veritate', punta emergente nel panorama della dottrina sociale della Chiesa

Per apprezzare l'incidenza effettiva della *Caritas in veritate* occorrerà attendere a lungo. Il complesso procedere della ricezione di un'enciclica non può certo essere racchiuso nei mesi immediatamente successivi alla sua pubblicazione e, anche dopo diversi anni, sarà comunque difficile discernere nell'ambito di ciò che sarà accaduto quanto è attribuibile a essa e quanto no.

È certo comunque che l'ultima Enciclica di papa Benedetto XVI rappresenta un punto elevato da cui traguardare l'intera vicenda della dottrina sociale della Chiesa. Una vicenda secolare, dal momento che fin dalle sue origini – dal Nuovo Testamento – la Chiesa non ha rinunciato a esprimere un puntuale giudizio sulle situazioni che nel suo cammino storico veniva incontrando. Dalla questione della schiavitù alla gestione del potere politico, e per diverse altre questioni sociali, da parte della Chiesa non sono mai mancati interventi di carattere etico. Tuttavia è soltanto a partire dall'Ottocento – quindi da una fase connessa non solo all'industrializzazione ma alla trasformazione radicale della società europea dovuta ai profondi cambiamenti in campo scientifico, tecnologico, politico, sociologico e culturale – che si è avviata una nuova fase dell'intervento della Chiesa in ambito sociale: un intervento di tipo meno frammentario e occasionale ma più organico e propositivo. Una fase che si suole inaugurare con la *Rerum novarum* di Leone XIII (1891).

Proprio in relazione alla lettura dell'intero fenomeno della dottrina sociale della Chiesa, in particolare di quella degli ultimi due secoli, non mancano illuminanti espressioni della *Caritas in veritate*. Il Papa esorta infatti a non praticare letture discontinue della dottrina ecclesiale, quasi vi fossero "due tipologie di dottrina sociale, una preconciliare e una postconciliare, diverse tra loro": si dà infatti "un *unico insegnamento, coerente e nello stesso tempo sempre nuovo*" (CV, 12). E subito dopo precisa che "è giusto rilevare le peculiarità dell'una o dell'altra enciclica, dell'insegnamento dell'uno o dell'altro Pontefice, mai però perdendo di vista la coerenza dell'intero *corpus* dottrinale. Coerenza non significa chiusura in un sistema, quanto piuttosto fedeltà dinamica a una luce ricevuta. La dottrina sociale della Chiesa illumina con una luce che non muta i problemi sempre nuovi che emergono" (CV, 12). In riferimento, poi, all'Enciclica di Paolo VI, cui intende esemplarmente riferirsi, il Papa così conclude: "Per queste ragioni, la *Populorum progressio*, inserita nella grande corrente della Tradizione, è in grado di parlare ancora a noi, oggi" (CV, 12).

Architettura e intento principale della 'Caritas in veritate': condurre a una vera carità sociale

Volendo paragonare la *Caritas in veritate* a un edificio, si potrebbe dire che essa è composta da solide fondamenta (l'"Introduzione"), da sei piani che si elevano fuori terra (i rispettivi capitoli) e da una cuspide protesa verso il cielo (la "Conclusione"). Senza pretesa alcuna di individuarne da vicino i dettagli architettonici, ci soffermiamo sul grande "motivo ricorrente" che ne regge e accompagna l'intero sviluppo, dalle fondamenta in su, dando a quest'Enciclica una fisionomia unica, singolare, che permette di riconoscerla subito, proprio come anche l'occhio inesperto identifica a prima vista le linee che disegnano il profilo inconfondibile di un palazzo o di una cattedrale.

Se volessimo, allo stesso modo, individuare a colpo d'occhio l'edificio della *Caritas in veritate* nell'ambito del vasto panorama della dottrina sociale della Chiesa ci accorgeremmo subito che l'elemento portante si condensa nel binomio del titolo stesso: carità e verità. Un binomio che conferma il duplice asse portante del magistero di Benedetto XVI presente a chiare lettere fin dalla sua prima enciclica, *Deus caritas est* (2005): l'appello insistito alla carità in quanto modalità caratteristica ed espressiva di tutto l'agire cristiano. Un agire che, per essere autenticamente *buono*, deve essere di necessità altrettanto *vero*. La carità, infatti, è minacciata non soltanto dalla difficoltà del suo realizzarsi, ma anche e soprattutto dal rischio di non essere vera carità, di essere cioè confusa con qualsiasi agire ben intenzionato o soltanto genericamente ben disposto verso gli altri. Con il rischio di alimentare forme ingenue e riduttive di carità, del tutto inadatte a far fronte alla complessità delle questioni che coinvolgono i sempre più intricati circuiti economici, finanziari, istituzionali oggi operanti a raggio mondiale.

Di qui il primo interrogativo: quale carità può rispondere in modo veritativo, autentico, approfondito alle interpellanze della società attuale? Come disporsi a cercare la verità della carità, al di là di riduzionismi, ingenuità e incrostazioni che ne impediscono il pieno riconoscimento?

Anzitutto il Papa intende liberare la carità da un'immagine romantica, legata fin troppo ai rapporti primari, all'incontro interpersonale, all'amicizia. In realtà, la carità "è il principio non solo delle micro-relazioni: rapporti amicali, familiari, di piccolo gruppo, ma anche delle macro-relazioni: rapporti sociali, economici, politici. Per la Chiesa – ammaestrata dal Vangelo – la carità è tutto, perché, come insegna s. Giovanni (cfr. 1 Gv 4,8.16) e come ho ricordato nella mia prima Lettera enciclica, 'Dio è carità' (*Deus caritas est*): *dalla carità di Dio tutto proviene, per essa tutto prende forma, a essa tutto tende.* La carità è il dono più grande che Dio abbia dato agli uomini, è sua promessa e nostra speranza" (*CV*, 2).

Una carità, dunque, che supera di slancio sia i sospetti che tendono a restringerla entro gli orizzonti dell'immediatezza e della prossimità, sia la tendenza a immaginarla come frutto spontaneo di emotività, ingenuità, buonismo. Al contrario, la carità esige un continuo esercizio di intelligenza e di interpretazione della realtà cui dà il proprio apporto, suscitando l'agire e plasmandolo secondo il Vangelo. E così lo stretto legame con la verità consente di cogliere la carità come "via maestra della dottrina sociale della Chiesa" (*CV*, 2), come anima di questo insegnamento e del vivere sociale a esso coerente. Una vera carità sussiste solo se intelligente, consapevole, riflessa.

Ancora: la carità è immaginata spesso come pura espressione della volontà dell'uomo. Essa è invece "amore ricevuto e donato. Essa è 'grazia' (*cháris*)" (*CV*, 5), è dono divino che discende dal Padre e che trasfigura l'agire del credente, chiamandolo non a trattenere gelosamente l'amore ricevuto ma a condividerlo con gli altri.

Rileviamo anche l'annosa tendenza a contrapporre la carità alla giustizia. La realtà invece è che la carità è integrazione, purificazione e compimento della giustizia. Come scrive il Papa: "La carità eccede la giustizia, perché amare è donare, offrire del 'mio' all'altro; ma non è mai senza la giustizia, la quale induce a dare all'altro ciò che è 'suo', ciò che gli spetta in ragione del suo essere e del suo operare. Non posso 'donare' all'altro del mio, senza avergli dato in primo luogo ciò che gli compete secondo giustizia. Chi ama con carità gli altri è anzitutto giusto verso di loro. Non solo la giustizia non è estranea alla carità, non solo non è una via alternativa o parallela alla carità: la giustizia è 'inseparabile dalla carità', intrinseca ad essa. La giustizia è la prima via della carità o, com'ebbe a dire Paolo VI, 'la misura minima' di essa, parte integrante di quell'amore 'coi fatti e nella verità' (1 Gv 3,18), a cui esorta l'apostolo Giovanni" (CV, 6). E proprio alla logica del dono e della gratuità, quali più dirette espressioni della carità, è ispirata gran parte dell'argomentazione dell'Enciclica: una gratuità da cui scaturiscono gli atteggiamenti della solidarietà, della fraternità e della comunione, e queste a raggio universale e in modo incondizionato.

Lo snodo fondamentale: l'autentico sviluppo

I sei capitoli della *Caritas in veritate*, quali veri e propri piani di un edificio, provvedono a dare corpo al contenuto privilegiato dell'Enciclica: lo sviluppo integrale dell'uomo.

Il primo capitolo, intitolato "Il messaggio della *Populorum progressio*" (CV, 10-20), sviluppa e attualizza a oltre quarant'anni di distanza la grande Enciclica di papa Montini, che indicava "*nello sviluppo, umanamente e cristianamente inteso, il cuore del messaggio sociale cristiano*" (CV, 13): uno sviluppo che non può essere frutto soltanto di "*visioni utopistiche e ideologiche*" né limitarsi alla materialità o derivare dal solo incrementarsi delle conoscenze in ambito scientifico-tecnologico (cfr. CV, 14 e 68-77). Lo sviluppo esige piuttosto di essere pensato come vera e propria *vocazione*, chiamata di tutti gli uomini e di tutti i popoli a una vita, una società, una crescita comune integralmente umana: "Dire che *lo sviluppo è vocazione* equivale a riconoscere, da una parte, che esso nasce da un appello trascendente e, dall'altra, che è incapace di darsi da sé il proprio significato ultimo. Non senza motivo la parola 'vocazione' ricorre anche in un altro passo dell'Enciclica, ove si afferma: 'Non vi è dunque umanesimo vero se non aperto verso l'Assoluto, nel riconoscimento d'una vocazione, che offre l'idea vera della vita umana' (*Populorum progressio*, 42). Questa visione dello sviluppo è il cuore della *Populorum progressio* e motiva tutte le riflessioni di Paolo VI sulla libertà, sulla verità e sulla carità nello sviluppo" (CV, 16).

L'umanità non è destinata quindi a uno sviluppo lineare, progressivo, che comunque si verificherà, ma è posta nelle condizioni per edificarlo e compierlo nella libertà e responsabilità di tutti e di ciascuno (cfr. CV, 17). Lo sviluppo autentico è frutto e segno visibile di una chiamata, ma potremmo dire anche di una promessa trascendente che scaturisce da Dio stesso, dalla sua volontà che il mondo sia salvato, in tutti i suoi aspetti, anche sociali. Uno sviluppo lasciato in balìa di se stesso manifesterebbe invece la propria ambivalenza e fragilità: "La società sempre più globalizzata ci rende vicini, ma non ci rende fratelli" (CV, 19). Come a richiamare con forza che non vi è un umanesimo vero se non aperto all'Assoluto. Uno sviluppo da intendersi quindi, nella sua radice più profonda, come una vocazione, come "un appello che richiede una risposta libera e responsabile" (CV, 17).

L'uomo non è fatto per qualsiasi progresso, ma per quello che salvaguarda fino in fondo la sua natura, lo rispetta e lo promuove, non lo strumentalizza, non lo rende schiavo di illusioni di stampo né ideologico né tecnologico. Tutto quanto riguarda il progresso va posto al servizio della più ampia crescita umana integrale, ovvero etica, spirituale, verso il bene comune cui è chiamata l'umanità.

Nuove vie per un autentico sviluppo: l'esigenza di un ripensamento complessivo dell'economia

Nel corso dei successivi capitoli l'Enciclica indica numerose, nuove e concrete vie per l'uscita dall'attuale situazione di drammatico sottosviluppo a partire da un ripensamento complessivo dell'economia.

Il Papa fa precedere alle risposte l'esame di tutti i luoghi emblematici dell'attuale quadro socio-economico mondiale, rileggendoli con coerenza e rigore, in fedeltà alla propria ispirazione. Questo approccio non può non accompagnarsi a una serie di domande: è possibile realizzare un'economia "vera", secondo carità? Anche adesso, durante e oltre la crisi economica in atto, originata dalla ricerca spregiudicata di strumenti finanziari in grado di assicurare rendimenti sempre più alti? Può coesistere la gratuità con la ricerca sfrenata del massimo profitto? E infine – per ricondurre la domanda agli ambienti che frequentiamo – il Papa ci sta parlando di un'economia per così dire "di emergenza", di aiuto ai Paesi più poveri da parte di alcuni, oppure la sua proposta intende coinvolgere tutti?

Premesso che con la consueta pacata e incisiva chiarezza il Papa sottolinea che "non ci sono ricette universalmente valide" (*CV*, 47) nel campo dello sviluppo, l'Enciclica non esita in molti passi a disegnare i contorni di un progetto di sviluppo economico etico, a partire dalla drammatica constatazione che "*cresce la ricchezza mondiale in termini assoluti, ma aumentano le disparità*" (*CV*, 22). Così, l'esigenza del superamento della crisi (*CV*, 21), gli eccessi "di protezione della conoscenza da parte dei Paesi ricchi, mediante un utilizzo troppo rigido del diritto di proprietà intellettuale, specialmente nel campo sanitario" (*CV*, 22), la "*riduzione delle reti di sicurezza sociale* in cambio della ricerca di maggiori vantaggi competitivi nel mercato globale con grave pericolo per i lavoratori" (*CV*, 25), il drammatico problema della fame che "miete ancora moltissime vittime" (*CV*, 27), l'esigenza del "*rispetto per la vita*" in ogni fase del suo sviluppo (*CV*, 28) come pure in ogni condizione di disagio personale e sociale, sono soltanto alcuni dei molti fronti aperti che esigono ormai "*soluzioni nuove*" (*CV*, 32), non più procrastinabili.

Quale il possibile ruolo dell'economia in tutto questo?

Si tratta anzitutto di recuperare la dimensione etica di tutta l'attività economica: "La sfera economica non è né eticamente neutrale né di sua natura disumana e antisociale. Essa appartiene all'attività dell'uomo e, proprio perché umana, deve essere strutturata e istituzionalizzata eticamente" (*CV*, 36). Non è infatti immaginabile un'attività economica rivolta alla sola produzione di ricchezza che spetterebbe poi ad altri, in primo luogo alla politica, redistribuire (*CV*, 37). L'economia non è puro fatto tecnico, è sintesi di molteplici scelte dell'uomo, è principalmente frutto della sua responsabilità o irresponsabilità. Inoltre, sottratta alle esigenze dell'etica, la stessa economia ne risentirebbe: "*L'economia infatti ha bisogno dell'etica per il suo corretto funzionamento*" (*CV*, 45).

In un'economia etica – anche a raggio mondiale – non vi è chi arricchisce a scapito di altri, ma per tutti diviene possibile uno sviluppo. Un'economia in grado di consentire lo sviluppo o l'arricchimento di alcuni soltanto è un'economia in sé stessa inefficiente, scarsamente valida sul piano sia scientifico che pratico. Economia ed etica non solo non devono essere separate, ma l'una deve promuovere l'altra, in quanto l'etica è chiamata a dare gli orientamenti di cui l'elaborazione economica ha bisogno. In altre parole: è raggiungendo finalità ulteriori a sé stessa, ponendosi al servizio della giustizia e del bene comune (*CV*, 36-37) che l'economia realizza anche le sue finalità più specifiche: generare e accrescere le utilità necessarie al soddisfacimento dei bisogni dell'umanità. Viceversa, nella ricerca esclusiva della propria, immediata utilità, l'economia fallisce i suoi stessi obiettivi, ricadendo miseramente su se stessa, come la recente crisi sta a dimostrare. Si pensi a un'impresa che, anziché ricercare il giusto profitto – quello compatibile con le esigenze del lavoro, della società e dell'ambiente – ricercasse esclusivamente il massimo guadagno. Il mancato rispetto del capitale umano mediante la sua riduzione a semplice ingrediente dell'attività produttiva porterà, presto o tardi, a un venire meno della sua stessa efficienza e al riconoscimento del primato proprio del "fattore umano", indiscusso protagonista di ogni momento della vita di un'impresa.

Dimenticare o sminuire l'importanza dell'uomo in economia è ridurre in modo drastico un intero mondo costituito da persone e popoli – con le rispettive culture e modalità espressive di sé, correlati da innumerevoli relazioni mediate anche da beni, servizi e strumenti finanziari di cui appunto l'economia si occupa – a un fatto solo tecnico, illusoriamente immaginato come una sorta di meccanismo che, una volta messo a punto, funzionerebbe da sé. E proprio alla riduzione dello sviluppo dell'umanità all'ambito delle possibilità offerte da quanto la tecnica via via mette a disposizione – per lo più di alcuni soltanto – a prescindere da ogni finalizzazione ulteriore, da ogni ricerca di verità e di senso sono dedicati i paragrafi del sesto e ultimo capitolo dell'Enciclica ("Lo sviluppo dei popoli e la tecnica", 68-77).

Tutti uniti nella carità, in cammino verso la verità: uno sguardo aperto al futuro del mondo

Giunti, per così dire, al vertice dell'edificio, siamo invitati a uno sguardo di sintesi. Che, alla fine, è un po' come divenire partecipi dello stesso sguardo con cui il Papa, attraverso le pagine dell'Enciclica, ha voluto osservare il mondo.

Della *Caritas in veritate* colpisce infatti soprattutto questa straordinaria, amplissima apertura sulla storia, sull'umanità, che abbraccia tutti gli uomini e tutti i popoli, scaturendo dalla chiara percezione che l'uomo non è individuo isolato, precostituito a monte delle proprie relazioni, ma un essere originariamente in relazione con gli altri. Non a caso, già il sottotitolo dell'Enciclica annuncia il riferimento non a un generico sviluppo, ma allo "sviluppo umano integrale" che intende racchiudere l'umanità – e ogni uomo – sotto tutti i profili: economico, sociale, culturale, spirituale. Perché anche senza una sola delle sue dimensioni irrinunciabili lo sviluppo non sarebbe autentico – appunto *vero* e *nella carità* – cioè integrale, fraterno, solidale.

È l'uomo concreto, quello di cui ci si occupa. L'uomo che patisce la fame, l'emarginazione, la divisione tra gli Stati, le guerre, i modelli economici che generano disuguaglianza e ingiustizia, i cambiamenti climatici... Ma è anche l'uomo capace di progresso vero, di riscattarsi, di meritare fiducia. È l'uomo compreso alla luce della carità e della verità. L'uomo che è in tutti i popoli; proprio tutti, nessuno escluso. L'uomo in Cristo, peccatore e redento. L'uomo concreto, non generico, portatore di una cultura, di una tradizione, di una lingua, di un'appartenenza etnica e religiosa, che per la prima volta nella storia può connettersi in tempo reale con l'altra parte del globo, che può sorvolare la superficie della Terra nell'arco di un paio di giorni, che non vive più trincerato entro i confini tracciati magari dopo molto spargimento di sangue dei propri padri, che fa sì che in ogni grande città abiti uno spaccato del mondo intero (a Milano, per esempio, sono presenti circa 170.000 residenti con cittadinanza estera, pari al 13 per cento della popolazione del Comune, appartenenti a oltre cento etnie diverse). Un mondo costituito più dallo spazio relazionale in cui siamo inseriti che da quello fisico che semplicemente ci circonda.

Se tutto questo deve aiutarci ad aprire gli orizzonti, a intenderne senso e interpellanze, a guardare al futuro e a cogliere la dimensione globale anche dei nostri piccoli mondi – globale è ormai anche la nostra più ristretta realtà locale, non equivale più a internazionale –, non va dimenticato il monito dell'Enciclica: "La società sempre più globalizzata ci rende vicini, ma non ci rende fratelli" (CV, 19). Nessun automatismo, dunque. Uno "sviluppo umano integrale" rappresenta un compito, impegnativo e universale, che investe anche tutta la Chiesa, "*in tutto il suo essere e il suo agire, quando annuncia, celebra e opera nella carità, è tesa a promuovere lo sviluppo integrale dell'uomo*" (CV, 11).

Siamo così giunti al punto culminante dell'edificio, alla cuspide che lo sovrasta. Nessun intento babelico di scalata al cielo, ma un punto di osservazione più alto del consueto sul mondo dell'uomo e sulla sua storia.

In sintesi, l'Enciclica rappresenta piuttosto un grande sguardo al futuro, verso cui si pone con realismo e fiducia. Un futuro che è un *da farsi*, non *da attendersi* da parte di qualcun altro. La *Caritas in veritate* ci toglie ogni alibi. Ci scuote dall'idea che il progresso possa avvenire da sé, magari a partire dal ritrovato di qualche geniale laboratorio di pensiero o di azione sociale. C'è bisogno dell'apporto e dello sforzo comune di tutti, dei sei miliardi di uomini che abitano il pianeta, specialmente da parte del miliardo più favorito, e anzitutto a favore del miliardo e oltre di persone che ancora soffre la fame. Possiamo sentirci tranquilli in quanto parte di un'umanità che accanto alle punte più avanzate del suo progresso scientifico sembra dimenticarsene?

L'Enciclica è anche un ottimo rimedio per non perdere la memoria. Tutta da leggere; anzi, da meditare, senza troppe dilazioni. C'è un mondo intero che attende.

Pensieri di un Vescovo sull'enciclica *Caritas in veritate*

Dionigi Tettamanzi

Interpellato dall'Enciclica come Vescovo della Chiesa ambrosiana

Il 7 luglio 2009, il giorno stesso della sua pubblicazione, l'enciclica *Caritas in veritate* mi ha interpellato immediatamente: senza possibilità o, semplicemente, senza una qualche plausibile scusa per rimandarne la lettura e quindi il tempo del mio personale coinvolgimento.

Certo sono stato interpellato come ogni fedele – o, se si preferisce, come uno degli "uomini di buona volontà" ai quali ancora oggi, come avvenne la prima volta con l'enciclica *Pacem in terris* di Giovanni XXIII, viene offerta la lettera del Papa –, ma in modo particolare e specifico come Vescovo della Chiesa.

Non è una precisazione da poco, di fronte a facili e non rare interpretazioni – piuttosto superficiali se non distorte e talvolta anche errate – circa la legittimità o meno (si parla spesso di ingerenza) della Chiesa e dei suoi uomini a intervenire *in re sociali*. È bene che lo si sappia: *i primi destinatari dell'Enciclica sono proprio i Vescovi,* come recita letteralmente l'intestazione "ai Vescovi, ai presbiteri e ai diaconi, alle persone consacrate, ai fedeli laici e a tutti gli uomini di buona volontà".

Tutto è così semplice e naturale! Eppure c'è qualcosa di più personale e originale, qualcosa che tocca il mio essere profondo, i miei sentimenti più forti che vorrei custodire con gelosia e con vivo senso di pudore. E insieme lo vorrei confessare.

Di fronte all'Enciclica mi sento *"destinatario"* non in senso generale, comune e condiviso da tutti, ma *nella mia specifica qualifica di Vescovo* come "pastore" (si suole dire così, e giustamente), ossia guida e anima di una Chiesa, di una comunità che crede in Gesù Cristo e segue il suo Vangelo nella vita personale e sociale.

Riconoscermi come destinatario invoca in me anzitutto disponibilità e volontà per *accogliere* l'insegnamento dell'Enciclica; ma non solo: significa anche – direi per naturale conseguenza – decisione e impegno a *trasmettere* agli altri questo stesso insegnamento, in particolare ai fedeli della Chiesa ambrosiana. Si verifica così nel mio animo di Vescovo un'interessante e originale esperienza: accogliendo e trasmettendo l'insegnamento della Chiesa, vivo in me, come del tutto inscindibili, le realtà del mio essere discepolo e maestro, credente e testimone.

Questo non è tutto, perché il profondo e reciproco legame che esiste tra il Vescovo e la sua Chiesa dà a questo *accogliere* e *trasmettere* un'ulteriore singolare ricchezza di significato: il Vescovo accoglie e trasmette l'Enciclica a nome suo personale e – al tempo stesso – a nome e insieme alla sua Chiesa. Il mio, dunque, è un gesto non solo individuale ma anche comunitario. Parlo, infatti, di un *accogliere* e di un *trasmettere* che corrispondono alla logica e alla dinamica tipicamente umana del *ricevere* e del *dare*, in particolare di un ricevere che è anche un dare e di un dare che è anche un ricevere.

In questo senso il coinvolgimento del Vescovo nell'accogliere e trasmettere l'Enciclica diventa in qualche modo esemplare, paradigmatico per i credenti della sua comunità e per la loro partecipazione. L'atteggiamento personale del Vescovo chiede di essere condiviso dai suoi fedeli, anch'essi chiamati non solo ad accogliere la dottrina sociale della Chiesa, ma pure a trasmetterla agli altri, divenendone nello stesso tempo annunciatori e testimoni.

Vorrei aggiungere, nel segno di una sincera gratitudine e di una grande gioia, che anche i miei fedeli – in particolare i laici impegnati *in re sociali* e proprio per questo a un titolo esistenziale e professionale – nel loro accogliere e trasmettere l'insegnamento della Chiesa diventano un esempio, un richiamo, uno stimolo a chi è chiamato come Vescovo ad animarli e guidarli.

Mi accorgo che la "confessione" che sto facendo tende a proseguire, di pensiero in pensiero, in modo molto spontaneo, sia pure sempre nell'alveo dei sentimenti e degli impegni del Vescovo come destinatario dell'enciclica *Caritas in veritate*.

Di nuovo, sento il bisogno – ma questa è anzitutto la realtà che mi chiama a coerenza – di passare dalla mia condizione di Vescovo in termini ancora generici a quella di Vescovo nella sua concretezza storica, ossia di *Vescovo di Milano, della Chiesa ambrosiana, in questi ultimi anni,* a partire dal 2002.

Questi sono il luogo e il tempo del mio servizio episcopale. Il luogo e il tempo che mi sono stati dati: dai Superiori e dalla Provvidenza di Dio. E da questo campo e da questi anni non mi è possibile prescindere, anche e in particolare – per il tema che sto affrontando – nel mio impegno pastorale di presentare e testimoniare la dottrina sociale della Chiesa.

Non mi è possibile prescindere! Non tanto nel senso di sentirmi bloccato e quindi chiuso in situazioni spaziali e storiche che restringono l'ambito del mio servizio episcopale, quanto invece per le possibilità nuove che mi si aprono e che mi offrono una serie di risorse e di responsabilità di grande interesse: tutte cose che insieme mi affascinano e mi intimoriscono, mi danno gioia e suscitano preoccupazione. Provo a scendere a qualche esemplificazione che giustifichi la varietà dei sentimenti che agitano il mio animo.

In linea con la riflessione sinora fatta, devo dire che ad accogliere e a trasmettere l'Enciclica *non sono affatto "solo"* – anche se si dà per me uno spazio non delegabile ad altri, lo spazio tipico del Vescovo –, *ma mi trovo "in compagnia" con l'intera Chiesa ambrosiana*. È precisamente questa Chiesa, qui e ora, che viene interpellata dalla *Caritas in veritate*, interpellata proprio nel suo volto di comunità cristiana. E questo dico (perché così sento) in termini estremamente vivi e concreti: la comunità cristiana non è un'astrazione, non è fuori o diversa da noi, dai suoi membri che la compongono, ma è fatta di persone, di singoli e di famiglie, di gruppi, di diverse categorie (il Papa nell'intestazione dell'Enciclica ricorda, dopo i Vescovi, i presbiteri e i diaconi, le persone consacrate, i fedeli laici e tutti gli uomini di buona volontà); raccoglie – in particolare – persone e gruppi che sono impegnati in ogni ambito della vita che interessa la *res socialis*, in un'espressione sintetica e onnicomprensiva "lo sviluppo umano integrale".

Per questo mi trovo di fronte a *una "storia sociale" della Chiesa ambrosiana* e del suo territorio – una storia passata, presente e aperta al futuro – che oggi viene raggiunta e interpellata dalla *Caritas in veritate*. *Leggere* l'Enciclica nel senso sopra detto significa per la Chiesa ambrosiana (e il suo territorio) lasciare che la propria storia sociale si confronti ed entri in dialogo con l'insegnamento di Benedetto XVI: un confronto e un dialogo che conduce a rilevarne aspetti di continuità e discontinuità, di conferma e smentita, di anticipazione e ritardo, di riflessione comune e variegata, di esperienze collaudate e di altre ancora da inventare e lanciare.

In modo semplice vorrei dire che, nel nostro ambito milanese, *sono due i testi chiamati a incontrarsi* – nella conoscenza, prima, nel discernimento e nell'operatività, poi: il *testo "scritto"* dell'Enciclica e il *testo "vivo"* della storia sociale della Chiesa ambrosiana e del suo territorio. E se parlo di testo "vivo" è perché il nostro riferimento non può certo esaurirsi in una storia che ci sta alle spalle, ma è dato anche e in particolare da quella di oggi, che sta sotto i nostri occhi e che in vario modo ci vede protagonisti.

Si apre così, tra l'altro, una duplice *responsabilità*: quella di *conoscere* la nostra storia e quella di proseguire nel *costruirla* nell'attualità, giorno dopo giorno, nella fedeltà al passato e nella creatività verso il domani. Questa responsabilità, che tocca la Chiesa ambrosiana e il suo territorio, non è affatto opzionale ma dobbiamo assumerla, se vogliamo che l'Enciclica di Benedetto XVI possa essere onorata nel servizio cui è destinata. Si tratta di un servizio di *interpretazione* della realtà sociale e insieme di *operatività* su questa stessa realtà sociale, un servizio che si configura come reciproco o complementare: la conoscenza della storia sociale ambrosiana è necessaria per un'adeguata *lettura interpretativa* della *Caritas in veritate* – dei suoi criteri orientativi e operativi – e nello stesso tempo questa conoscenza rende possibile e facilita un'adeguata *applicazione* dell'Enciclica nel concreto contesto della nostra Chiesa, nel vissuto quotidiano della nostra gente.

Questo affondo storico ambrosiano – che qui non possiamo certo sviluppare, ma che riprenderemo almeno per accenni essenziali sul finale delle nostre riflessioni – risulta quanto mai utile, se non necessario, per renderci conto della *reciproca fecondità* che nella storia si è realizzata e continua a realizzarsi tra la Chiesa di Milano con il suo territorio, da un lato, e la dottrina sociale della Chiesa, dall'altro: è assai ricco e fruttuoso lo scambio che si è realizzato tra l'una e l'altra.

Si può comprendere, allora, la scelta che si è voluto fare per questo lavoro di presentazione della *Caritas in veritate*. Alla possibilità di un commento di analisi e di approfondimento della dottrina sociale della Chiesa da parte di studiosi teologi e filosofi – specificamente dediti alla riflessione sul magistero sociale – si è preferito un percorso più esistenziale, sollecitando persone impegnate per professione nei diversi campi toccati dall'Enciclica e disposte a reagire a essa proprio a partire dal loro lavoro quotidiano: una specie di *confessione* di quanto l'Enciclica possa rappresentare, in termini lavorativi e personali, un *esame di coscienza* capace di sprigionare un appello alla *conversione,* non solo per superare errori e distorsioni ma anche e positivamente per essere spronati in *un'attività* sociale sempre più *umana e umanizzante.*

So di usare un linguaggio cristiano, ecclesiale. Ma non ho dubbi che le realtà di cui parlo rientrano con immediatezza nell'esperienza umana universale, un'esperienza illuminata dalla luce della razionalità e fortificata dalla voce della coscienza morale. Infatti, dire le cose così come stanno è onorare la verità, rientrare in se stessi e interrogarsi sul senso del vivere è segno di saggezza, accogliere l'appello al cambiamento nell'operare è aprirsi a una libertà più matura e responsabile.

Passiamo così dal testo "scritto" al testo "vivo". Sì, quello della storia, della grande storia della Chiesa e dell'umanità e in particolare della Chiesa di Milano e del suo territorio; e quello della cronaca più personale, sia delle singole persone sia delle comunità o gruppi più o meno numerosi. Ma anche così – con questa cronaca feriale – noi continuiamo a scrivere pagine autentiche di dottrina della Chiesa e soprattutto a scrivere pagine concrete di vita sociale.

Primi passi di un percorso

Nel clima di "confessione" che ispira il mio intervento, mi pare del tutto naturale manifestare *alcune impressioni sui contenuti dell'Enciclica* che la sua lettura mi ha suscitato. Per la verità, la *Caritas in veritate* l'ho letta, tutta intera, per due volte (soltanto?). E ne ho poi ripreso la lettura – e continuo – puntando di volta in volta su alcuni suoi passaggi, in rapporto ad aspetti o problemi specifici. Aggiungo: una lettura, per me, piena di *fascino* ma insieme non priva di una qualche *fatica*. E quest'ultima non solo per una certa lunghezza del testo pontificio, ma anche per la molteplicità e soprattutto per la tecnicità di alcuni argomenti affrontati.

Mi è parso di trovarmi di fronte a un *percorso* che, snodandosi per 6 capitoli e 79 paragrafi o numeri, può realizzarsi solo con *tanti passi*. E questi, a loro volta, possono essere compiuti solo se affrontati lasciandosi coinvolgere, con amore della verità e con cordialità, dai contenuti stessi dell'Enciclica, colti sia nel loro complesso sia nei loro singoli particolari.

Il cammino che ho iniziato mi ha dato l'impressione generale di trovarmi posto su di un duplice piano, o, forse meglio, collocato in un *duplice ambito*. Il *primo* lo qualificherei *più teorico*: è quello dei principi, dei valori, degli ideali, della meta da perseguire, che delinea la strada da percorrere con la luce della *veritas* e con la forza della *caritas*. Il *secondo* lo definirei *più pratico*: è l'ambito dello "sviluppo umano integrale", che chiede di affrontare e di risolvere nei suoi molteplici aspetti diversi problemi, storici o attuali, culturali o applicativi in chiave sociale, economici e finanziari. Non c'è dubbio – e l'Enciclica lo documenta in continuità – che i due piani o ambiti non sono tra loro solo giustapposti, ma, mentre affermano e mantengono la loro specificità, sono profondamente intrecciati e si compenetrano a vicenda. E come tali vanno considerati e onorati.

Ma è ora di passare dall'impressione generale ad alcune riflessioni specifiche su ciascuno degli ambiti segnalati, nell'intento di coglierne le implicazioni e le sollecitazioni che toccano da vicino il mio servizio nella Chiesa. Per questo mi sento particolarmente interessato all'impianto antropologico-teologico della *Caritas in veritate*, quale emerge con sufficiente ampiezza nell'"Introduzione" (1-9): è precisamente la visione umana ed evangelica dell'uomo a illuminare, orientare, sostenere, in un certo senso a "comandare" l'approccio e la soluzione dei vari problemi sociali. Proprio questa visione rientra *in primis* nella missione tipica del Vescovo nei riguardi dei credenti e degli "uomini di buona volontà", configurandosi – come diremo – parte integrante dell'evangelizzazione, dell'annuncio e della testimonianza del Vangelo.

Nello stesso tempo, l'evento storico del Figlio di Dio che si fa uomo e la realtà della sua Chiesa chiamata a vivere e a operare nel mondo al servizio dell'uomo mi spingono – per credibilità e coerenza – a interessarmi con eguale passione d'intelligenza, di cuore e di opere ai diversi problemi sociali che riguardano l'umanità oggi. È però in questo ambito che la loro complessità, il loro evolvere particolarmente rapido e sempre aperto a novità, la varietà delle discipline interessate, la molteplicità degli aspetti tecnici mi rendono più o meno spaesato, bisognoso quindi del contributo degli esperti nei vari settori. Sono allora veramente grato, al di là di quanto scrive Benedetto XVI, ai collaboratori di questo volume per il loro specifico apporto professionale.

Vale la pena di rilevarlo, ancora una volta: se è importante per la vita della Chiesa e della società la testimonianza di vita e di opere dei fedeli laici nell'ambito delle realtà terrene e temporali, non è meno importante – e necessario – il contributo di pensiero (di dottrina e di discernimento) da parte del laicato. E oggi lo è in una maniera particolare.

Il fondamentale impianto antropologico-teologico dell'Enciclica si ispira al testo di Paolo agli Efesini: "Agendo secondo verità nella carità, cerchiamo di crescere in ogni cosa tendendo a Lui, che è il capo, Cristo" (Ef 4,15). Il realtà il Papa intitola il suo documento invertendo i termini dell'Apostolo: "La carità nella verità [...] è la principale forza propulsiva per il vero sviluppo di ogni persona e dell'umanità intera". Già dall'*incipit* dell'Enciclica, infatti, veniamo provocati, tentati di interrompere subito la lettura di fronte alla facile e non poche volte comune obiezione che carità e verità ci conducono lontano dal realismo sconcertante e dall'angoscia incalzante che suscitano tante difficoltà nel campo dell'economia, della finanza, del lavoro, a causa del sottosviluppo, della povertà, della fame, dell'immigrazione, dell'ingiustizia, della violenza, della guerra, dei disastri ecologici... Parlare a questo proposito di carità e verità può sembrare sinonimo di utopia, sogno, astrattezza, fuga dal reale, alienazione, ecc.

Ma qui dovrebbe immediatamente aprirsi, e con estrema serietà, la discussione su ciò che è veramente – forse paradossalmente – il concreto, e dunque sul reale vissuto dell'uomo e dei popoli. Ecco allora la domanda decisiva: può o non può l'anima, l'interiorità e la spiritualità di ciascuno di noi, rivendicare cittadinanza e interesse nell'economia, nel mondo delle realtà materiali?

L'Enciclica testimonia continuamente *l'esperienza del massimo di concretezza* – e di concretezza insieme personale e sociale – raggiunto e offerto dalla *caritas* e dalla *veritas*, così come vengono presentate da Benedetto XVI. In realtà è la mia stessa esperienza, che trova conferma e insieme continua ad accrescersi nell'analisi dei molteplici valori offerti dall'Enciclica.

Quali valori? Basti qui una carrellata di semplici – ma penso più che sufficienti – accenni per mostrare il significato profondo di questi valori e per invitare, leggendo e meditando l'Enciclica, a rilevarne la valenza sociale, ossia l'immediata implicazione nei diversi problemi sociali.

Anzitutto un piccolo ma decisivo rilievo riguarda la *carità* e la *verità*. Si tratta di realtà che si rapportano a vicenda, *tra loro inscindibilmente collegate*: l'autentica carità non può fare a meno della verità, e altrettanto si deve dire della verità. Come scrive il Papa: "La verità va cercata, trovata ed espressa nell'‘economia’ della carità, ma la carità a sua volta va compresa, avvalorata e praticata nella luce della verità" (*CV*, 2). E ancora: "Senza verità, la carità scivola nel sentimentalismo. L'amore diventa un guscio vuoto, da riempire arbitrariamente. È il fatale rischio dell'amore in una cultura senza verità. Esso è preda delle emozioni e delle opinioni contingenti dei soggetti, una parola abusata e distorta, fino a significare il contrario" (*CV*, 3). Dunque, non la carità da sola né la verità da sola – anche a prescindere dalla loro retta interpretazione – possono sciogliere i problemi sociali, più radicalmente i problemi umani.

Inoltre la verità e la carità possono e devono leggersi e realizzarsi *in chiave umana*, in riferimento alla ragione e al "cuore", all'apertura al vero e al bene che è impressa nell'essere dinamico dell'uomo come tale: "Tutti gli uomini avvertono l'interiore impulso ad amare in modo autentico: amore e verità non li abbandonano mai completamente, perché sono la vocazione posta da Dio nel cuore e nella mente di ogni uomo" (*CV*, 1). E ciò conduce a individuare il criterio di giudizio e di operatività in quella che viene chiamata "la legge naturale", scolpita da Dio nel cuore di ogni persona: "leggibile" dalla ragione umana e "realizzabile" dalla volontà libera e amante il bene. Già da questo punto di vista la cosiddetta dottrina sociale della Chiesa è senz'altro per i *credenti*, ma non solo: è raggiungibile e accoglibile da *tut-*

ti. Non siamo di fronte a un discorso ideologico, ma a una presa di posizione razionale, che dice l'esito di un serio e responsabile ragionamento. Di qui l'ormai tradizionale accenno che le encicliche fanno – accenno da prendersi in modo nobile – agli "uomini di buona volontà".

Il riferimento ora fatto alla legge naturale meriterebbe, proprio ai fini della dottrina sociale della Chiesa, di essere ampiamente sviluppato a partire e in rapporto alla *persona umana*: questa, infatti, costituisce il fondamento e il senso, il cuore vivo, l'architettura e le linee portanti delle risposte che la Chiesa con il suo vissuto e il suo insegnamento dà ai diversi problemi in ambito sociale, economico, giuridico, politico, culturale... Certo, non è sempre facile ma è comunque possibile enucleare i contenuti essenziali e primari della legge naturale se si analizzano con onestà le strutture di base, i dinamismi profondi, le finalità essenziali della persona.

Non è questo il momento di esplorare l'interessante e affascinante contenuto dell'antropologia: qui basti, da un lato, rilevare che i diversi problemi sociali sono l'espressione – anche la più variegata possibile – dell'unico e medesimo problema antropologico e, dall'altro lato, ricordare che *la tipicità della persona*, riconosciuta anche solo razionalmente, *sta nell'essere sempre e solo "fine" e mai "mezzo"*. Tutto, dunque, può e deve trovare da qui la sua misura di vero o di falso, di bene o di male, di giusto o di ingiusto, di utile o di dannoso.

Solo l'uomo è "persona", soggetto cosciente e libero e, proprio per questo, "centro e vertice" di tutto quanto esiste sulla terra (cfr. *Gaudium et spes*, 12): è, al dire di s. Ambrogio, "il capolavoro" della creazione, "il culmine dell'universo e la suprema bellezza di tutto il creato" (*Esamerone*, VI, 75). Il Concilio Vaticano II ne trae una conseguenza folgorante, in un certo senso rivoluzionaria: "L'uomo è l'autore, il centro e il fine di tutta la vita economico-sociale" (*Gaudium et spes*, 63).

Ancora: carità e verità sono valori e istanze umani che nel disegno di Dio trovano ripresa, conferma, purificazione, *pienezza di senso e trascendente compimento in Gesù Cristo e, in lui e attraverso il suo Spirito, in Dio Padre.* Per questo è nella Trinità stessa, alla cui vita divina l'uomo è chiamato a partecipare, che sta il misterioso e supremo Dna della socialità umana nelle sue diverse forme, della solidarietà, anzi della stessa fraternità.

Spunti di teologia, anzi di fede trinitaria, ritornano più volte nell'Enciclica, in particolare in riferimento alla "inclusione relazionale di tutte le persone e di tutti i popoli nell'unica comunità della famiglia umana". Un esempio, tra i tanti: "Le relazioni tra gli uomini lungo la storia non hanno che da trarre vantaggio dal riferimento a questo divino Modello. In particolare, *alla luce del mistero rivelato della Trinità* si comprende che la vera apertura non significa dispersione centrifuga, ma compenetrazione profonda" (*CV*, 54).

È una lezione formidabile che così viene offerta dalla dottrina sociale della Chiesa. La *res socialis* si radica nel cuore del mistero cristiano; scaturisce, prende senso e forza; è dinamicamente destinata a compiersi nella Trinità. Qui, dove può sembrare il più astratto, il discorso sociale rivela la sua sostanza originalissima e si apre ai vertici della contemplazione e della vita spirituale e ascetica.

In questo intreccio antropologico-teologico avverto maggiormente il bisogno di riscoprire e di far riscoprire in un modo più esplicito e specifico *l'alleanza tra ragione e fede.* Su questa alleanza – anche per l'importanza singolarissima che riveste nell'attuale situazione sociopolitica e culturale – rimando, in particolare, alla corposa enciclica *Fides et ratio* (1998) di Giovanni Paolo II e al costante e penetrante insegnamento di Benedetto XVI.

Al di là di facili e frequenti affermazioni che non mancano mai su questa alleanza ragione-fede, fede-ragione, si deve in realtà riconoscere che di fatto continuiamo a trovarci di fronte a un campo culturale ed esistenziale che esige di essere esplorato e abitato con maggiore lucidità – e razionale e credente – e con più forte coraggio. Ciò è possibile quando ci lasciamo attrarre e trascinare – tutti indistintamente, uomini e credenti – da *una ragione che non ha paura di allargarsi* e di raggiungere l'intera verità, sino ad arrivare alle soglie del *mistero*, anzi a entrarvi almeno per via intuitiva. Occorre – insieme – lasciarsi attrarre e trascinare da *una fede veramente amica dell'intelligenza*, capace quindi di trovare nel suo stesso grembo motivi di piena credibilità e di singolare bellezza "umana e umanizzante" (CV, 9) nelle riposte che offre sui più disparati problemi sociali.

Carità e verità, secondo l'Enciclica, costituiscono il "principio intorno a cui ruota la dottrina sociale della Chiesa" (CV, 6), al punto che questa viene definita da Benedetto XVI come "*Caritas in veritate in re sociali*: annuncio della verità dell'amore di Cristo nella società" (CV, 5). Ma il suo elemento peculiare sta nel fatto che questo principio "prende forma operativa in criteri orientativi dell'azione morale", dei quali vengono ricordati "due in particolare, dettati in special modo dall'impegno per lo sviluppo in una società in via di globalizzazione: *la giustizia e il bene comune*" (CV, 6).

Con i temi della giustizia e del bene comune noi passiamo, nella breve ma significativa "Introduzione" offerta dall'Enciclica stessa (CV, 1-9), dall'ambito teorico a quello pratico-operativo-applicativo.

Qui il vissuto quotidiano delle persone, delle famiglie, dei gruppi e dei popoli è tale che non è difficile immergersi nelle difficoltà e nelle speranze di ognuno: quanti problemi, fatiche, delusioni, sofferenze, e insieme quante aspettative, sforzi, sogni riempiono la nostra vita con una serie innumerevole di questioni personali e sociali.

Su questo punto il ritorno al Concilio Vaticano II non ha nulla di nostalgico o di enfatico, ma dice semplicemente la fedeltà dovuta e rinnovata alla logica di Cristo, il Dio-che-si-fa-uomo con e per l'uomo, in tutta la sua drammatica ed esaltante condizione umana. Ricordiamo l'*incipit* dell'ultimo documento conciliare: "Le gioie e le speranze, le tristezze e le angosce degli uomini d'oggi, dei poveri soprattutto e di tutti coloro che soffrono, sono pure le gioie e le speranze, le tristezze e le angosce dei discepoli di Cristo, e nulla vi è di genuinamente umano che non trovi eco nel loro cuore" (*Gaudium et spes*, 1).

Devo confessare che per un Vescovo che ama stare con la propria gente ed essere attento alle persone che incontra non mancano affatto né la conoscenza né il coinvolgimento di tante situazioni umane che invocano attenzione e aiuto, condivisione e speranza.

In tal senso il Vescovo, proprio per questo inserimento nella città e nel popolo – inevitabile ma anche ricercato – non può estraniarsi ma può, e deve, coinvolgersi con i problemi sociali d'oggi: dai più piccoli ai più complessi. Diviene necessità, e più ancora *officium amoris* (come lo chiama s. Agostino) per il Vescovo l'interessarsi – direttamente e tramite collaborazione – delle questioni sociali nel loro inscindibile volto, teorico e pratico, di dottrina e di azione.

Senza nulla togliere a questo coinvolgimento umano e pastorale, ma per mantenerlo nella sua genuinità, il Vescovo deve avere grande cura di richiamare tutti alla fondamentale esigenza di non separare affatto, o comunque di non allentare mai, il rapporto tra la *meta* da raggiungere e i *passi* o *mezzi* di cui servirsi nel cammino. È quanto ci è richiesto se vogliamo onorare – ossia rispettare, difendere e promuovere nella cultura – *la specificità propria della dottrina sociale della Chiesa* e, di conseguenza, della sua prassi quotidiana. E questo vale sia per i grandi valori della giustizia e del bene comune, sia per l'amplissimo e unitario problema dello "sviluppo umano integrale" e per i singoli problemi sociali che vi sono collegati.

Ci sono al riguardo frasi dell'Enciclica, semplici e preziose, che vorrei affidare alla meditazione del lettore: "L'amore nella verità – *caritas in veritate* – è una grande sfida per la Chiesa in un mondo in progressiva e pervasiva globalizzazione. Il rischio del nostro tempo è che all'interdipendenza di fatto tra gli uomini e i popoli non corrisponda l'interazione etica delle coscienze e delle intelligenze, dalla quale possa emergere come risultato uno sviluppo veramente umano. Solo con la *carità, illuminata dalla luce della ragione e della fede*, è possibile conseguire obiettivi di sviluppo dotati di una valenza più umana e umanizzante" (CV, 9).

E ancora: "La Chiesa non ha soluzioni tecniche da offrire e non pretende 'minimamente d'intromettersi nella politica degli Stati' (*Populorum progressio*, 13). Ha però una missione di verità da compiere, in ogni tempo ed evenienza, per una società a misura dell'uomo, della sua dignità, della sua vocazione. Senza verità si cade in una visione empiristica e scettica della vita, incapace di elevarsi sulla prassi, perché non interessata a cogliere i valori – talora nemmeno i significati – con cui giudicarla e orientarla" (CV, 9).

È questa l'eredità che ci viene, in particolare, dall'enciclica di Paolo VI, la *Populorum progressio* (1967), di cui la *Caritas in veritate* vuole essere una ripresa, un commento, un'attualizzazione nell'ora presente della dottrina sociale della Chiesa: "Il mio venerato predecessore Paolo VI ha illuminato il grande tema dello sviluppo dei popoli con lo splendore della verità e con la luce soave della carità di Cristo. Egli ha affermato che l'annuncio di Cristo è il primo e principale fattore di sviluppo e ci ha lasciato la consegna di camminare sulla strada dello sviluppo con tutto il nostro cuore e con tutta la nostra intelligenza, vale a dire con l'ardore della carità e la sapienza della verità. È la verità originaria dell'amore di Dio, grazia a noi donata, che apre la nostra vita al dono e rende possibile sperare in uno 'sviluppo di tutto l'uomo e di tutti gli uomini', in un passaggio 'da condizioni meno umane a condizioni più umane', ottenuto vincendo le difficoltà che inevitabilmente si incontrano lungo il cammino" (*CV*, 8).

Per comprendere in modo adeguato la *Caritas in veritate* è infatti indispensabile conoscere l'enciclica *Populorum progressio*, i cui contenuti sono appunto ripresi e sviluppati esplicitamente da Benedetto XVI. La mia preoccupazione ora non è tanto di addentrami in tutti questi contenuti e di farne un confronto, quanto di soffermarmi su una dimensione più vasta, quella della *"storicità" della dottrina sociale della Chiesa.*

È un problema, questo, di grande interesse. Certo vi sono coinvolti gli storici o comunque gli studiosi delle encicliche sociali a cominciare dalla *Rerum Novarum* di Leone XIII: si possono così far emergere, nei diversi interventi dei Pontefici lungo lo snodarsi del tempo, elementi fondamentali e particolari, continuità e discontinuità di soluzioni, valori permanenti e applicazioni contingenti, affermazioni tradizionali e novità d'oggi o persino prospettive profetiche per il futuro.

Tutti i destinatari dell'insegnamento sociale della Chiesa non possono non interrogarsi – e di fatto si interrogano – sul suo valore, e conseguentemente sull'oggetto e sul grado di adesione dottrinale e di obbedienza pratica dovute al magistero in generale e in taluni casi particolari.

In questo senso sappiamo che nelle nostre comunità cristiane incontriamo non raramente, insieme a interpretazioni comuni e condivise, anche sensibilità diverse e talvolta persino contrastanti a proposito del valore da attribuirsi ai documenti del Concilio Vaticano II su vari punti, non solo – come è avvenuto di recente – per alcuni aspetti legati alla riforma liturgica.

Ora Benedetto XVI non si sottrae a questo problema. Riprendendo il Discorso tenuto alla Curia Romana il 22 dicembre 2005 – appena all'inizio del suo pontificato – circa l'«ermeneutica della riforma», del rinnovamento nella continuità dell'unico soggetto-Chiesa, il Papa in questa sua Enciclica si sofferma sulla *continuità magisteriale* dei vari interventi montiniani, sia tra loro sia in rapporto al Vaticano II. Così scrive: "Il legame tra la *Populorum progressio* e il Concilio Vaticano II non rappresenta una cesura tra il magistero sociale di Paolo VI e quello dei Pontefici suoi predecessori, dato che il Concilio costituisce un approfondimento di tale magistero nella continuità nella vita della Chiesa". E prosegue più esplicitamente: "Non ci sono due tipologie di dottrina sociale, una preconciliare e una postconciliare, diverse tra loro, ma *un unico insegnamento, coerente e nello stesso tempo sempre nuovo*". Poi precisa, rifacendosi all'enciclica *Sollicitudo rei socialis* di Giovanni Paolo II: "È giusto rilevare la peculiarità dell'una o dell'altra enciclica, dell'insegnamento dell'uno o dell'altro Pontefice, mai però perdendo di vista la coerenza dell'intero *corpus* dottrinale. Coerenza non significa chiusura in un sistema, quanto piuttosto fedeltà dinamica a una luce ricevuta. La dottrina sociale della Chiesa illumina con una luce che non muta i problemi sempre nuovi che emergono. Ciò salvaguarda il carattere sia permanente che storico di questo 'patrimonio' dottrinale che, con le sue specifiche caratteristiche, fa parte della Tradizione sempre vitale della Chiesa" (*CV*, 12).

Potremmo riprendere la distinzione di papa Wojtyla tra *il "modello"* della dottrina, il suo nucleo propriamente antropologico ed evangelico, e *l'"involucro"* storico-culturale in cui la dottrina si è, di volta in volta, manifestata. Il tratto stabile in tutte le espressioni del magistero è l'affermazione della dignità della persona umana, il dovere di solidarietà degli uomini e dei popoli, la destinazione universale dei beni, la prevalenza del lavoro sul capitale. Ora questi contenuti hanno viaggiato, nel corso dei decenni, su convogli che necessariamente erano carichi delle culture del tempo: con le loro novità – più o meno momentanee –, con i loro valori acquisiti e quelli solo incipienti, con gli aspetti stabilizzati e quelli caduchi...

Sarebbe qui interessante farne l'applicazione – come emerge dalla stessa *Caritas in veritate* – ai decenni successivi dell'Enciclica di Paolo VI: quanto rimane, quanto è cambiato, quanto è stato realizzato e quanto attende di esserlo ancora... Ci preme rilevare, sempre con un intento più direttamente pastorale e con specifico riferimento a quanti sono coinvolti come operatori nello "sviluppo", la necessità non solo di non temere la storicità della dottrina sociale della Chiesa – come se si dovesse perciò stesso relativizzarla – ma anche di saperla amare con un amore intelligente e fecondo, ossia con un amore che, mentre permette a ognuno di vivere realisticamente la propria stagione storica, stimola a cogliere i segni dei tempi anche in chiave propriamente profetica.

La parola della Chiesa sull'uomo e sui problemi che gli sono propri ha sempre valore: anche quando appare desueta e superata, astratta ed estranea al tempo che viviamo, anche quando sprigiona una voce che solo i profeti – gli uomini spirituali, ricolmi dello Spirito – possono intendere.

Ci è richiesta così una particolare *vigilanza* che rende impazienti e pazienti allo stesso tempo, intessuta di *memoria* per custodire l'eredità dottrinale posta nella nostra mente e nel nostro cuore, di *presenza* per tradurre l'eredità in attualità, di *anticipazione* del domani possibile grazie alla fiducia accordata al disegno divino sulla storia.

La preoccupazione del credente nell'affrontare e risolvere i problemi indicati dalla dottrina sociale della Chiesa è di essere fedele a quell'assoluta "novità" sorgente di ininterrotta di novità (s. Ireneo di Lione, *Contro le eresie*, IV, 34,1): la Persona stessa di Gesù Cristo. Come leggiamo nella *Caritas in veritate*: "La dottrina sociale [...] si rifà in definitiva all'Uomo nuovo, all''ultimo Adamo che divenne spirito datore di vita' (1 Cor 15,45) e che è principio della carità che 'non avrà mai fine' (1 Cor 13,8)" (*CV*, 12).

Vogliamo ritornare all'etica?

Nel leggere alcune reazioni e commenti all'enciclica *Caritas in veritate* mi sono imbattuto in questo rilievo curioso e insieme simpatico: "Il principale consulente di Benedetto XVI per l'enciclica sociale pubblicata il 7 luglio è stata la crisi economico-finanziaria che ha funestato il sistema capitalistico globale a partire dalla primavera del 2008". Con l'aggiunta ancora più curiosa che questa crisi "ha imposto al gruppo dei redattori – 11 personalità internazionali della Chiesa cattolica – un ripensamento complessivo della dottrina sociale della Chiesa cattolica a proposito del capitalismo, fino a una critica dei suoi limiti molto più esplicita che in passato, una critica che il papa ha infine avallato" (Giancarlo Zizola, *L'enciclica e i semi del post-capitalismo*, "Il Sole – 24 Ore", 5 luglio 2009).

Il rilievo, che nella sua aggiunta penso esiga di essere verificato, mi pare comunque di grande interesse, se non altro per queste due ragioni. Anzitutto perché il Papa stesso spiega un qualche ritardo nella pubblicazione dell'Enciclica proprio a partire dalla necessità di una conoscenza più completa e precisa degli elementi reali della crisi. Così Benedetto XVI rispondeva ai giornalisti durante il volo verso l'Africa, il 17 marzo 2009: «Eravamo quasi arrivati a pubblicarla, quando si è scatenata questa crisi e abbiamo ripreso il testo per rispondere più adeguatamente, nell'ambito delle nostre competenze, nell'ambito della dottrina sociale della Chiesa, ma con riferimento agli elementi reali della crisi attuale. Così spero che l'Enciclica possa anche essere una forza per superare la difficile situazione presente».

La precisazione è interessante anche per una seconda ragione: perché noi stessi, collocandoci in una situazione storica mondiale tuttora aperta e fonte di serie preoccupazioni, possiamo essere introdotti in un modo più concreto ed efficace a cogliere *un'istanza di fondo della dottrina sociale della Chiesa*: *quella etica,* che è trasversale e di fatto tocca i più diversi problemi economici, sociali, finanziari, politici, giuridici e culturali.

Nell'intervista citata il Papa aggiungeva: «Vado (in Africa) con un programma religioso, di fede, di morale, ma proprio questo è anche un contributo essenziale al problema della crisi economica che viviamo in questo momento. Tutti sappiamo che un elemento fondamentale della crisi è proprio un *deficit di etica nelle strutture economiche*; si è capito che l'etica non è una cosa "fuori" dall'economia, ma "dentro" e che l'economia non funziona se non porta in sé l'elemento etico. Perciò parlando di Dio e parlando dei grandi valori spirituali che costituiscono la vita cristiana, cercherò di dare un contributo proprio anche per superare questa crisi, per rinnovare il sistema economico dal di dentro, dove sta il punto della vera crisi. E, naturalmente, farò appello alla solidarietà internazionale».

Per la verità già in precedenza Benedetto XVI ci aveva lucidamente introdotti in questa prospettiva, facendo dell'etica non una semplice forza intellettuale per l'interpretazione della realtà, ma una vera e propria forza morale e spirituale di conversione, di cambiamento della realtà stessa attraverso rinnovate decisioni, scelte, azioni e strutture. Basti questo passaggio dell'omelia del 1° gennaio 2009: «L'attuale crisi economica globale va vista in tal senso anche come un banco di prova: siamo pronti a leggerla, nella sua complessità, quale sfida per il futuro e non solo come un'emergenza a cui dare risposte di corto respiro? Siamo disposti a fare insieme una revisione profonda del modello di sviluppo dominante, per correggerlo in modo concertato e lungimirante? Lo esigono, in realtà, più ancora che le difficoltà finanziarie immediate, lo stato di salute ecologica del pianeta e, soprattutto, la crisi culturale e morale, i cui sintomi da tempo sono evidenti in ogni parte del mondo».

E all'*Angelus* di capodanno il Papa ribadiva, mi pare con maggiore forza: «La seconda parte del 2008 ha fatto emergere una crisi economica di vaste proporzioni. Tali crisi va letta in profondità, come un sintomo grave che richiede di intervenire sulle cause. Non basta – come direbbe Gesù – porre rattoppi nuovi su un vestito vecchio (cfr. Mc 2,21). Mettere i poveri al primo posto significa passare decisamente a quella solidarietà globale che già Giovanni Paolo II aveva indicato come necessaria, concertando le potenzialità del mercato con quelle della società civile, nel costante rispetto della legalità e tendendo sempre al bene comune».

Che l'economia abbia bisogno dell'etica è venuto emergendo con crescente chiarezza e forza proprio dagli stessi esiti negativi o problematici del mondo economico-finanziario attuale. Non ho qui da parte mia, per la preoccupazione tipicamente pastorale che mi muove, la necessità di offrire una completa e precisa analisi dell'attuale situazione del mercato, specie finanziario: i suoi elementi e le sue dinamiche sono elencati nel quadro tracciato dall'Enciclica.

Vorrei solo sostare, brevemente, sull'evoluzione che ha vissuto l'economia, invadendo tutti gli aspetti della società fino a diventare un ambito assoluto, sia nel senso di sciolto dagli altri ambiti di vita, sia in quello di *unico e decisivo, fontale e finale* rispetto a tutti gli altri.

Mi servo di una fotografia popolare ed elementare – ma non per questo meno lucida e penetrante – che rientra nell'esperienza a tutti noi comune: "Venti anni fa, *l'economia aveva un luogo 'arginato' nella nostra vita*; era un settore nel quale qualche volta, in qualche occasione, eravamo in qualche modo costretti ad avventurarci: la busta-paga, l'affitto, il mutuo, il risparmio per qualche importante acquisto. [...] Dagli anni '80 *l'economia ha tracimato in ogni aspetto della vita quotidiana*. Oggi pare che non si parli d'altro, al punto che una crisi economica sembra determinare ogni sensazione di benessere o di malessere; si parla delle cause e dei rimedi e se ne parla al bar, per strada, alla tv e nei giornali; ne parlano i grandi economisti, i capi di governo, gli imprenditori e le famiglie che portano i bambini all'asilo.

"Dopo l'*economy* è venuta la *new economy*: i banchieri sono stati per anni le punte di diamante della società [...] I mezzi di comunicazione sono riusciti a farci diventare familiari le borse, i *broker*, i mercati finanziari. Ogni cosa, piano piano, è stata spiegata con dinamiche economiche, in un'operazione riduzionistica che ha finito per essere generalmente accettata, sia dai fanatici del sistema sia dai suoi oppositori, offrendo terreno buono per l'affermazione dell'*homo oeconomicus*. Ora questo castello di carta rischia di essere spazzato via e non sappiamo come sostituirlo" (Luca Gaggioli, *Dal "quanto costa?" alla 'post-economy'. Pensieri di un bilancista per l'incontro Annuale di Bilanci di Giustizia*, 5 aprile 2009).

Di qui l'esigenza di passare alla *post-economy*, le cui caratteristiche sono quelle di un'economia cui è stato tolto il piedistallo e che ritorna a misurarsi e a porsi al servizio di tutti i valori e le esigenze dell'uomo: di ogni uomo e di ogni popolo, di tutti gli uomini e di tutti i popoli. Questo ci dice, in estrema sintesi, che *l'economia ha assoluto bisogno della dimensione etica.*

E non può essere diversamente dal momento che l'economia è *un'attività umana*, ossia un'attività che coinvolge – come protagonista e destinataria – la *persona come persona,* e cioè come composto di anima e di corpo, come essere razionale, libero, responsabile e relazionale, come apertura al trascendente, come "immagine di Dio" secondo la visione biblica. Intravediamo immediatamente le linee fondamentali dell'antropologia.

E se è vero che già il riconoscimento dei limiti, delle disfunzioni, degli errori, delle contraddizioni del mondo economico attuale costituisce per ciò stesso il riconoscimento di una sua *necessaria "anima etica"* – quasi un'invocazione disperata di guarigione, di salvezza di tale mondo –, rimane però aperto il problema di *definire il vero volto dell'etica*, specie per l'ambito economico.

Sappiamo che diverse, e talvolta opposte tra loro, sono le visioni dell'etica economica. Come accennato, il problema è intimamente connesso con l'antropologia, con la visione dell'uomo, dei suoi valori e delle sue esigenze. E in questo senso possiamo affermare che l'intera enciclica *Caritas in veritate*, presentando la dottrina sociale della Chiesa, che è incentrata sulla persona e sulla sua dignità inviolabile, richiama, chiarisce e approfondisce i più diversi problemi sociali – economico-finanziario compreso – nella loro essenziale dimensione etica. Indicando *l'essere* della persona, ne indica per ciò stesso *l'agire*; richiamando l'essere nella sua dignità e libertà richiama il *dover-essere* nella sua responsabilità operativa.

Ciò che esige una chiarificazione – e dunque un dibattito aperto, un'analisi senza pregiudizi e approfondita – è l'interpretazione che spesso e da più parti viene concretamente data dell'etica stessa. Cade qui per me un problema, o meglio, un impegno pastorale non facile: tutti parlano di etica, ma di fatto l'etica come viene intesa? Senza poi passare – inevitabilmente – all'altro interrogativo: tutti hanno una visione dell'etica, ma di fatto come viene tradotta nella vita?

Una richiesta di grande vigilanza – preferirei dire di vera saggezza e di vero coraggio – ci viene dalla stessa *Caritas in veritate*. Dopo la forte affermazione che *"L'economia ha bisogno dell'etica per il suo corretto funzionamento"* e l'immediata precisazione che il bisogno "non (è) di un'etica qualsiasi, bensì di un'etica amica della persona", Benedetto XVI rileva: "Oggi si parla molto di etica in campo economico, finanziario, aziendale. Nascono Centri di studio e percorsi formativi di *business ethics*; si diffonde nel mondo sviluppato il sistema delle certificazioni etiche, sulla scia del movimento di idee nato intorno alla responsabilità sociale dell'impresa. Le banche propongono conti e fondi di investimento cosiddetti 'etici'. Si sviluppa una 'finanza etica', soprattutto mediante il microcredito e, più in generale, la microfinanza" (*CV*, 45).

Ora, se questi processi suscitano apprezzamento e meritano ampio sostegno, "è bene elaborare anche un *valido criterio di discernimento*, in quanto si nota un certo abuso dell'aggettivo 'etico' che, adoperato in modo generico, si presta a designare contenuti anche molto diversi, al punto da far passare sotto la sua copertura decisioni e scelte contrarie alla giustizia e al vero bene dell'uomo" (*CV*, 45).

Emerge così ancora più necessario, anche se non facile, il compito pastorale di far superare interpretazioni superficiali, inadeguate, distorte ed errate dell'etica, tutte riconducibili in verità a un'etica che "non è amica dell'uomo". Amicizia qui non indica semplicemente un sentimento, ma dice coerenza tra *l'essere* dell'uomo e il suo *dover-essere*. In questo senso, riprendendo il telegrafico accenno antropologico fatto in precedenza, dobbiamo rilevare oggettivamente che l'etica non è qualcosa di estrinseco, ma di intrinseco alla persona; non qualcosa di imposto a essa, ma di richiesto dalla sua libertà e pertanto al servizio della sua responsabilità; non qualcosa di chiuso nell'istanza individualistica, ma di aperto alla relazione con gli altri; non un valore soltanto morale, in riferimento alla propria coscienza, ma un valore tipicamente religioso, perché rimanda alla relazione fontale e finale che l'uomo ha con Dio stesso.

Nessun timore per l'apparente astrattezza di questa concezione dell'etica. Nulla in realtà c'è di più concreto, perché ogni attività propriamente umana deriva dalla persona (la esprime e a essa riconduce, costruendola nella verità o minacciandola); più precisamente deriva dalle sue strutture fondamentali, dai suoi interiori dinamismi, dalle sue finalità.

Verrebbe da dire che l'approccio e la soluzione dei vari problemi legati allo sviluppo umano integrale – problemi sociali, economici, finanziari, aziendali, culturali, ecc. – dipendono pienamente dal rispetto dell'etica.

Certo, l'etica è assolutamente necessaria. Ma è sufficiente prenderne in considerazione gli apporti a livello di scienza economica, di politica economica e basta? O non sarebbe più opportuno, anzi necessario, introdurre sistematicamente l'etica in ogni ambito del sapere e dell'agire economico, così che ogni aspetto dell'economia – pensata, praticata, vissuta – ne venga plasmato, corretto, integrato, migliorato? Deve dirsi arretrata l'idea dell'etica come semplice – blando e alla fine ininfluente – *correttivo* di alcuni aspetti che si dimostrano palesemente errati dell'economia, mentre all'economia l'etica assicura un apporto veramente *fondativo*, anzi dirompente e innovatore.

Abbiamo bisogno di ragionare in modo più libero, più coerente con la realtà. Alla luce di questo non dovremmo forse smettere, finalmente, di vedere l'etica come limite all'agire, come serie interminabile di divieti, di "no", cominciando a scorgerne la forza propositiva e innovativa? Perché non cogliere l'etica come il traino di qualsiasi aspetto dell'economia (finanziaria, imprenditoriale, commerciale), nella convinzione che porre l'uomo al centro di essa migliora le condizioni in cui è vissuta senza compromettere gli obiettivi di efficienza, redditività, sviluppo, piuttosto mettendoli nel giusto ordine e restituendo loro corretta configurazione e giusta misura?

Mi piacerebbe lasciare a ciascun lettore – in particolare a quanti per ragioni professionali sono impegnati nell'ambito economico – questi interrogativi, con tutta la loro carica di provocazione, ma anche di fascino. Mi piacerebbe, nello stesso tempo, ricercare eventuali piste di riflessione e di approfondimento nella stessa enciclica *Caritas in veritate*.

E di nuovo procedo accendendo alcune domande. Non è forse interessante mettere in parallelo queste cose con quanto il Papa dice sul rapporto giustizia-carità? Analogo interesse non ha anche il ripetuto riferimento alla giustizia, intesa sì come virtù, come energia morale, ma anche e in concreto come un pensare e un agire da "uomini giusti e forti", quindi in riferimento al vissuto quotidiano, personale e familiare anzitutto, ma anche inevitabilmente sociale, di tutti noi? E ancora, nella prospettiva dell'alleanza tra ragione e fede, quali nuovi orizzonti – a livello culturale e operativo – può aprire il rimando che Benedetto XVI fa all'azione stessa di Dio dentro e attraverso quella dell'uomo?

Emblematico in quest'ultimo senso è l'ultimo paragrafo, il 79, dell'Enciclica, che così recita: "*Lo sviluppo ha bisogno di cristiani con le braccia alzate verso Dio,* nel gesto della preghiera, cristiani mossi dalla consapevolezza che l'amore pieno di verità, *caritas in veritate,* da cui procede l'autentico sviluppo, non è da noi prodotto ma ci viene donato".

Ma già nel precedente paragrafo 78 il Papa ci richiama energicamente all'evidenza, tante volte confermata dalla storia, che "senza Dio l'uomo non sa dove andare e non riesce nemmeno a comprendere chi egli sia. Di fronte agli enormi problemi dello sviluppo dei popoli che quasi ci spingono allo sconforto e alla resa, ci viene in aiuto la parola del Signore Gesù Cristo che ci fa consapevoli: 'Senza di me non potete far nulla' (Gv 15,5) e ci incoraggia: 'Io sono con voi tutti i giorni, fino alla fine del mondo' (Mt 28,10). Di fronte alla vastità del lavoro da compiere, siamo sostenuti dalla fede nella presenza di Dio accanto a coloro che si uniscono nel suo nome e lavorano per la giustizia".

Queste ultime parole ci confermano che l'etica – in ogni campo, anche in quello sociale ed economico – è assolutamente necessaria. E va da tutti e sempre perseguita. Ma basta? Possiamo rispondere con un sì, a una precisa condizione però: che *l'etica si lasci plasmare, vivificare e arricchire da un'autentica spiritualità,* da un vero e profondo senso religioso.

La fede cristiana ne è certa, la ragione umana può riconoscerlo o almeno intuirlo.

L'economia del dono: utopia o realtà?

Destinata a fare memoria della *Populorum progressio* di Paolo VI, la nuova Enciclica ha come suo architrave esattamente lo stesso tema dello sviluppo umano integrale, nel quale papa Montini trovava "il cuore del messaggio sociale cristiano" (*CV*, 13).

Di lui conosciamo la visione articolata di sviluppo, così riassunta da Benedetto XVI: "Con il termine 'sviluppo' voleva indicare l'obiettivo di far uscire i popoli anzitutto dalla fame, dalla miseria, dalle malattie endemiche e dall'analfabetismo. Dal punto di vista economico, ciò significava la loro partecipazione attiva e in condizioni di parità al processo economico internazionale; dal punto di vista sociale, la loro evoluzione verso società istruite e solidali; dal punto di vista politico, il consolidamento di regimi democratici in grado di assicurare libertà e pace" (*CV*, 21).

Sono passati solo pochi decenni dalla stagione montiniana, ma il problema sviluppo rimane ancora, al di là di alcuni esiti positivi, in tutta la sua gravità: una gravità che si è enormemente accentuata nel quadro di una serie di fenomeni mondiali che si sono venuti imponendo sempre più. Eccone un nudo elenco: la crescente globalizzazione con interrelazioni planetarie, un potere tecnologico assoluto, una finalizzazione esclusivistica del profitto nell'economia che "rischia di distruggere ricchezza e creare povertà", un'attività finanziaria sempre più speculativa, la debolezza della politica nazionale e sovranazionale, lo sfruttamento sregolato delle risorse della terra. Sono fenomeni più che noti, che ci fanno concludere alla *singolare complessità* assunta oggi dal problema – dai problemi – di uno sviluppo sempre più policentrico.

Mi devo subito interrogare – come uomo, credente, Vescovo – sulla risonanza che questi fenomeni hanno o non hanno nel mio vivere quotidiano e ancor prima nel mio orizzonte culturale: vorrei dire addirittura nella mia sensibilità umana ed evangelica. Sembrano così lontani da me. E così estranei alle mie giornate. Sempre in agguato, anche per me, sta la tentazione di rinchiudermi nell'individualismo e nel localismo: Vescovo sì di una grande comunità cristiana, ma pur sempre nel piccolo spazio all'interno di una Chiesa universale e di un mondo che non ha confini! Quant'è lontana e faticosa l'esperienza quotidiana e concreta di "cittadino del mondo"!

Non posso qui dimenticare – come momento emblematico del mio servizio episcopale – la vicenda del G8 che ha coinvolto la città di Genova nel 2001. Quanto impegno pastorale per sensibilizzare giustamente tutti, a cominciare dalle stesse comunità cristiane, ai gravi problemi di una globalizzazione che lasciava sussistere tra i popoli drammatiche disuguaglianze economiche, sociali, culturali. E quali sono stati i risultati, nelle più diverse direzioni? Qualcosa di analogo dovrei dire circa il poco o pochissimo interesse suscitato in noi italiani – credenti e non, autorità e cittadini, Istituzioni e gruppi – dal G8 tenutosi all'Aquila nel luglio del 2009 e da quanto è emerso sulle forme di povertà che continuano a opprimere i popoli nel mondo. E sì che l'anno 2009 era iniziato con un formidabile *Messaggio* di Benedetto XVI per la XLII Giornata Mondiale della Pace sul tema "Combattere la povertà e costruire la pace"!

Se questo è il clima diffuso, al deficit di fiducia e di speranza si oppongono, come particolarmente preziose e provocatorie per noi, alcune pagine dell'Enciclica. Senza venir meno al realismo, esse inseriscono nella complessità della globalizzazione, come fattore di novità sorprendente, alcune prospettive operative e ancor più culturali. "La complessità e gravità dell'attuale situazione economica – scrive il Papa – giustamente ci preoccupa, ma dobbiamo *assumere con realismo, fiducia e speranza nuove responsabilità* a cui ci chiama lo scenario di un mondo che ha bisogno di un profondo rinnovamento culturale e della riscoperta di valori di fondo su cui costruire un futuro migliore. La crisi ci obbliga a riprogettare il nostro cammino, a darci nuove regole e a trovare nuove forme di impegno, a puntare sulle esperienze positive e a rigettare quelle negative. La crisi diventa così *occasione di discernimento e di nuova progettualità*. In questa chiave, fiduciosa piuttosto che rassegnata, conviene affrontare le difficoltà del momento presente" (*CV*, 21).

Il *novum* dell'Enciclica mi pare concentrarsi e condensarsi nella proposta di *un'economia del dono o della gratuità*. Proposta così sbalorditiva che a tanti potrà sembrare del tutto astratta, aliena, anzi contraddittoria rispetto ai veri e concreti problemi che quotidianamente l'economia deve affrontare. La possiamo definire, come minimo, una proposta inedita, perché non affatto consueta, abituale nella considerazione dei problemi dell'economia. Inevitabile allora s'impone per tutti il dilemma: siamo di fronte a una vera e propria *utopia*, oppure a una possibile – almeno possibile – *realtà*?

Di certo si tratta di una proposta bisognosa di una riflessione paziente, pacata, coraggiosa: una riflessione disponibile a liberarsi da pregiudizi e da convinzioni inveterate e ritenute intoccabili perché infallibili e, perciò stesso, una riflessione audace e pronta a coinvolgersi in nuove esplorazioni. Ma è la stessa Enciclica a venirci incontro offrendoci, al di là della chiara, forte e in un certo senso nuova affermazione, tutta una serie di interessanti riflessioni.

La prima di queste – che fonda, ispira e conduce a concretezza tutte le altre – è data dall'*incipit* stesso del capitolo "Fraternità, sviluppo economico e società civile": "La *carità nella verità* pone l'uomo davanti alla stupefacente esperienza del dono. La gratuità è presente nella sua via in molteplici forme, spesso non riconosciute a causa di una visione solo produttivistica e utilitaristica dell'esistente. L'essere umano è fatto per il dono, che ne esprime e attua la dimensione di trascendenza. [...] Essendo dono di Dio assolutamente gratuito, la carità irrompe nella nostra vita come qualcosa di non dovuto, che trascende ogni legge di giustizia. Il dono per sua natura oltrepassa il merito, la sua regola è l'eccedenza. Esso ci precede nella nostra stessa anima quale segno della presenza di Dio in noi e della sua attesa nei nostri confronti. [...] Perché dono ricevuto da tutti, la carità nella verità è una forza che costituisce la comunità. Unifica gli uomini secondo modalità in cui non ci sono barriere né confini. [...] L'unità del genere umano, una comunione fraterna oltre ogni divisione, nasce dalla con-vocazione della parola di Dio-Amore" (CV, 34).

Non entro nel commento del testo. Mi limito a rilevare quanto non sia affatto difficile intuire come l'impostazione data alla realtà del dono sia – già da queste poche e rapide affermazioni – quanto mai ricca e stimolante: emergono immediatamente la dimensione antropologica e insieme teologica della relazionalità (con i dati della ragione umana e della fede), il riferimento all'essere e all'agire dell'uomo (nel duplice e unitario aspetto ontologico e dinamico, nei termini del "dato" oggettivo e del "compito" affidato al soggetto libero), la forza propria dei rapporti di una reciprocità che sa vincere barriere e confini (in chiave non solo ristretta ma anche allargata all'intera famiglia umana).

Una seconda riflessione, ancora introduttoria ma quanto mai utile per una chiarificazione, riguarda il *rap-*

porto carità e giustizia. Esplicita è l'affermazione dell'*eccedenza* della carità sulla giustizia, ma altrettanto precisa e forte è la constatazione dell'intrinseca *connessione* tra carità e giustizia e viceversa: "*La carità eccede la giustizia*, perché amare è donare, offrire il 'mio' all'altro; ma non è mai senza la giustizia, la quale induce a dare all'altro ciò che è 'suo', ciò che gli spetta in ragione del suo essere e del suo operare. Non possono 'donare' all'altro del mio, senza avergli dato in primo luogo ciò che gli compete secondo giustizia. Chi ama con carità gli altri è anzitutto giusto verso di loro. Non solo la giustizia non è estranea alla carità, non solo non è una via alternativa o parallela alla carità: la giustizia è 'inseparabile dalla carità' (*Populorum progressio*, 22), intrinseca ad essa" (*CV*, 6).

Sempre sul rapporto carità-giustizia e con uno sguardo alla vita sociale, il Papa rileva: "La 'città dell'uomo' non è promossa solo da rapporti di diritti e di doveri, ma ancor più e ancor prima da relazioni di gratuità, di misericordia e di comunione. La carità manifesta sempre anche nelle relazioni umane l'amore di Dio, essa dà valore teologale e salvifico a ogni impegno di giustizia nel mondo" (*CV*, 6).

E ancora: "Nell'affrontare questa decisiva questione, dobbiamo precisare, da un lato, che la logica del dono non esclude la giustizia e non si giustappone a essa in un secondo momento e dall'esterno e, dall'altro, che lo sviluppo economico, sociale e politico ha bisogno, se vuole essere autenticamente umano, di fare spazio al *principio di gratuità* come espressione di fraternità" (*CV*, 34).

Un'altra riflessione ancora, che ci fa entrare in modo più immediato nell'economia del dono, riguarda la possibilità, anzi la necessità di *superare la dicotomia tra la sfera dell'economico e la sfera del sociale.* È un'eredità, questa, che ci è stata lasciata dalla modernità, per la quale *l'economia* è fatta per il massimo profitto ed è sostenuta dal proprio interesse, configurandosi pertanto come il luogo della produzione della ricchezza, mentre *il sociale* è il luogo della solidarietà per un'equa distribuzione della ricchezza.

Ora, il superamento di questa dicotomia è già nell'esperienza in atto, che ci testimonia come sia *realmente possibile fare impresa anche quando si perseguono fini di utilità sociale* e si è mossi all'azione da motivazioni di tipo pro-sociale.

Si tratta di un modello di economia e di impresa che si radica e si giustifica – come si è già accennato – da un lato e in termini generali a partire dall'inscindibile *rapporto* che esiste *tra l'economia e la persona umana* (che dell'economia è il destinatario e il protagonista), e dall'altro lato e in termini specifici a partire dalla *carità colta nelle sue espressioni fondamentali di dono, gratuità, reciprocità, solidarietà, fraternità.*

Potrei qui annoiare chi mi legge se volessi riferire le citazioni particolarmente significative dell'Enciclica, anche se non posso tralasciare l'invito a leggere in modo integrale il capitolo terzo, dal titolo "Fraternità, sviluppo economico e società civile".

Mi domando solo se la voce che andiamo ora ascoltando sia quella della cosiddetta *dottrina sociale della Chiesa* e in specie dell'Enciclica di Benedetto XVI, o non piuttosto – in termini modesti ma concreti, e proprio per questo più coinvolgenti – *la nostra stessa voce*, voglio dire della nostra ragione, della nostra coscienza, delle nostre esperienze di vita, delle nostre esigenze profonde e dei più arricchenti risultati che otteniamo quando siamo impegnati nell'ambito economico-sociale. È il nostro *vissuto* quotidiano, letto con intelligenza e libertà interiore, a farsi *parola*. Ed è una parola semplicissima e formidabile, anche se il suo contenuto centrale ha bisogno di applicazioni – grandi o piccole, numerose o rare che siano – sempre coerenti: l'umanità dell'uomo e la carità *non sono mai contro* l'economia nel suo vero significato e autentico scopo, ma *sono sempre a favore*; la guariscono, se malata, e la portano a compimento, se sana.

Questa *nostra parola* dice con la *voce del Papa*, ad esempio, che "lo sviluppo economico, sociale e politico ha bisogno, se vuole essere autenticamente umano, di fare spazio al *principio di gratuità* come espressione di fraternità" (CV, 34). Così come dice, in particolare, che "*senza forme interne di solidarietà e di fiducia reciproca, il mercato non può pienamente espletare la propria funzione economica*" (CV, 35). E ancora, che "l'attività economica non può risolvere tutti i problemi sociali mediante la semplice estensione della *logica mercantile*. Questa va *finalizzata al perseguimento del bene comune* [...] La dottrina sociale della Chiesa ritiene che possano essere vissuti rapporti autenticamente umani, di amicizia e di socialità, di solidarietà e di reciprocità, anche all'interno dell'attività economica e non soltanto fuori di essa o 'dopo' di essa" (CV, 36).

E, a mo' di conclusione e in un orizzonte di sviluppo mondiale, ricordiamo con il Papa "la grande sfida che abbiamo davanti a noi, fatta emergere dalle problematiche dello sviluppo in questo tempo di globalizzazione e resa ancor più esigente dalla crisi economico-finanziaria": si tratta di "mostrare, a livello sia di pensiero sia di comportamenti, che non solo i tradizionali principi dell'etica sociale, quali la trasparenza, l'onestà e la responsabilità non possono venire trascurati o attenuati, ma anche nei *rapporti mercantili* il *principio di gratuità* e la logica del dono come espressione della fraternità possono e devono *trovare posto entro la normale attività economica*. Ciò è un'esigenza dell'uomo nel momento attuale, ma anche un'esigenza della stessa ragione economica. Si tratta di un'esigenza a un tempo della carità e della verità" (*CV*, 36).

Il *novum* del modello economico trova dunque la sua luce più intensa che lo rende credibile – e insieme la sua forza più trainante che provoca l'agire concreto in termini diversi da quelli abituali – nella realtà del *dono*, quale categoria sintetica che esprime e porta a compimento la carità.

Mi incuriosisce suscitando ulteriori riflessioni il termine "*novum*" da me usato a proposito dell'Enciclica. Non è forse un *novum* che è tale perché rimanda all'*antico*, perché invita a risalire al principio, non tanto in senso cronologico di tempo, quanto in senso ontologico, in rapporto all'intima struttura dell'essere? Sì, è al gesto stesso di Dio che crea e forgia l'essere umano nella sua originaria e indelebile fisionomia – come peraltro viene descritto in forma potentemente suggestiva nel racconto che della creazione fa la Genesi, il primo libro della Bibbia (cfr. Gn 1,26ss.; 2.18-25) – che bisogna risalire.

In questo senso il *novum* di cui parliamo a proposito della *Caritas in veritate* non riguarda *l'affermazione* della struttura relazionale o di dono che è tipica della persona umana ma *l'applicazione* particolare che di tale struttura viene fatta all'ambito proprio dell'economia. Consiste, allora, nella ripresa ed esplicitazione specifica di una linea centrale e costante della dottrina sociale della Chiesa: quella cioè dell'istanza "umana" che contraddistingue e deve conseguentemente segnare ogni attività della persona, e quindi anche l'attività economica. Amo dire con estrema semplicità, evangelica e antropologica: "Non è l'uomo per l'economia, ma è l'economia per l'uomo".

Ma questo *novum*, questa specifica applicazione, chiede di passare dall'Enciclica alla vita vissuta. È in questione, dunque, il coraggio di passare da una verità in qualche modo riconosciuta da tutti alla sua applicazione nelle scelte e azioni concrete della vita. Certo il passaggio non è facile, né mentalmente *in primis*, né operativamente. Chiede un cambiamento radicale, una vera rivoluzione culturale: non ho timore a usare il termine tipicamente morale e religioso di "conversione".

A ostacolare o comunque a frenare l'accoglienza di questo *novum* è la mentalità e il costume diffusi che fanno della carità – come dono – qualcosa di sentimentale, di marginale, di terapeutico che curerebbe i distorti rapporti sociali una volta che la giustizia avesse fallito il suo compito: comunque qualcosa che ha a che fare con l'agire pietoso, soccorrevole e non qualcosa che tocca l'essere umano come tale, nelle sue dinamiche più profonde, nelle sue esigenze più forti e nei suoi risultati più significativi e arricchenti.

È qui che devono assolutamente incontrarsi e saldarsi insieme la riflessione e l'esperienza, il pensare e il fare. Tutto *il valore di credibilità* della dottrina sociale della Chiesa circa la *pertinenza* – sia come legittimità sia come necessità – della logica del dono e della gratuità nell'ambito specifico dell'economia dipende ed è misurato da una precisa e inconfondibile testimonianza: la possibilità della *traduzione concreta*, *operativa*, *storica* delle affermazioni dottrinali o comunque delle riflessioni che sono state qui delineate.

Tutti insieme allora – chi riflette e chi agisce – siamo chiamati a entrare in modo esplicito e costante nel tema, nella *res*, del dono: e questo in tutti i *tipi di rapporti* tra le persone (le categorie, i gruppi, le comunità, i popoli) e dunque in ogni *ambito di vita,* sociale ed economico, d'azienda e d'impresa, di finanza.

In questo contesto mi sembra che l'impegno più coerente e urgente sia quello di *rilanciare e promuovere il dono nella sua valenza o forza politica,* contro la sua marginalizzazione o comunque il suo confinamento esclusivo o comunque depotenziato nel *sociale*. Ma come operare un simile rilancio?

Vorrei lasciare la risposta più completa e precisa sia alle pagine dell'Enciclica sia alla nostra stessa esperienza. Penso, in primo luogo, al valore fondamentale della vita umana nelle sue più diverse dinamiche. La vita parla in continuità dei molteplici rapporti interpersonali (nella famiglia, tra coniugi, tra genitori e figli, tra fratelli e sorelle, tra parenti; nella società, tra cittadini, tra vicini ecc.) che risultano umani e umanizzanti nella misura in cui onorano la logica del dono e della gratuità.

Penso poi all'esperienza che tutti possiamo fare a proposito della stessa giustizia, che riteniamo del tutto necessaria al sistema sociale e nei rapporti tra le persone: la giustizia può reggersi e svilupparsi in modo adeguato solo se e nella misura in cui è intimamente intessuta dello spirito della carità che si dona ed è di fatto sostenuta. È l'esperienza di sempre, questa; e insieme sembra di dover dire che è l'esperienza più forte dei nostri giorni: "Mentre ieri – leggiamo nell'Enciclica – si poteva ritenere che prima bisognasse perseguire la giustizia e che la gratuità intervenisse dopo come un complemento, oggi bisogna dire che senza la gratuità non si riesce a realizzare nemmeno la giustizia" (*CV*, 38).

Penso anche alle diverse cooperative, alle imprese sociali, alla varie forme di associazioni, e dunque a un tipo nuovo di mercato che cerca di diventare – e non poche volte con successo – realtà storica. "Serve, pertanto, un mercato nel quale possano liberamente operare, in condizioni di pari opportunità, imprese che perseguono fini istituzionali diversi. Accanto all'impresa privata orientata al profitto, e ai vari tipi di impresa pubblica, devono potersi radicare ed esprimere quelle organizzazioni produttive che perseguono fini mutualistici e sociali. È dal loro reciproco confronto sul mercato che ci si può attendere una sorta di ibridazione dei comportamenti d'impresa e dunque un'attenzione sensibile alla *civilizzazione dell'economia*" (CV, 38).

Questo riferimento al dono, nella sua importanza non solo individuale ma sociale, è una questione che tutti interessa e che, come tale, può – anzi deve – vedere protagonisti tutti: è una richiesta che viene dall'*umanità* dell'uomo e dalla sua *razionalità*. Per questo non può non coinvolgere anche i cristiani. Ma qui si nascondono una possibilità e una responsabilità nuove e originali, sulle quali vogliamo ora attirare l'attenzione

La sfida sociale della fede

Sempre nel clima scelto delle riflessioni-confessioni, devo dire che una delle pagine dell'enciclica *Caritas in veritate* che più mi ha interessato si trova al 15, un paragrafo che mi tocca in un modo tutto particolare e personale, perché riconduce la dottrina sociale cristiana al cuore stesso della missione della Chiesa: annunciare e testimoniare il Vangelo.

I sentimenti immediati che si sono accesi in me sono stati una grande serenità, anzi una profonda gioia, e insieme una straordinaria libertà, congiunta ovviamente al senso acuto di un dovere pastorale irrinunciabile. E questo in risposta – meglio in dialogo – a un certo modo, piuttosto diffuso, di interpretare gli interventi della Chiesa *in re sociali*.

Frequente, almeno da una certa fascia di opinione pubblica, è l'interpretazione degli interventi della Chiesa nei termini di una forma di ingerenza: un'invasione indebita di campo, quasi una minaccia o una negazione della laicità. Non manca però anche la fascia di opinione pubblica che può definirsi "illuminata" e che è aperta ad altra interpretazione degli interventi ecclesiastici:

non un'invasione di campo, ma un legittimo confrontarsi di posizioni diverse o persino contrastanti in un contesto sociale e culturale di libertà democratica.

Dal punto di vista della Chiesa la radice e quindi la natura e la forza della legittimità del suo parlare e del suo agire *in re sociali* stanno nel Vangelo che Gesù Cristo ha affidato agli apostoli e in loro alla comunità dei discepoli. È una legittimità, dunque, nuova, originale, propria e peculiare della Chiesa. Da una simile legittimità derivano, fondamentalmente, una singolare *libertà* di intervento e di conseguenza una singolare *responsabilità*.

Proprio questi, come grazia e come compito, sono i sentimenti di un vescovo ogniqualvolta in nome del Vangelo sente di poter e di dover entrare nei problemi sociali per ricercare e indicare le strade di una loro soluzione umana e umanizzante. Anzitutto *il sentimento di una grande libertà di fronte a tutti*. E a riguardo ho particolarmente a cuore il detto di s. Ambrogio: "In un vescovo non c'è nulla di così rischioso davanti a Dio e di così vergognoso davanti agli uomini quanto il non proclamare apertamente il proprio pensiero" (*Lettera* 74,2). Così commentavo la parola di Ambrogio nel mio ingresso in Milano in occasione dell'incontro con le autorità in Piazza della Scala: «Il mio pensiero vorrà sempre essere rivelazione fedele del pensiero di Dio. Questo pensiero cercherò di manifestare con piena libertà, non lasciandomi condizionare da nessuna preferenza, da nessuna simpatia, da nessun tipo di tornaconto, da nessuna forza politica, da nessun governo, da nessuna critica! Con piena responsabilità di fronte alla mia coscienza e di fronte a Dio, unico Signore e Giudice di tutti» (29 settembre 2002).

E poi *il sentimento di una grave responsabilità*, perché il Vangelo viene affidato alla Chiesa – e in essa ai suoi pastori – con un preciso "mandato", con una vera e propria obbligazione, secondo il *comando del Signore*: "Andate in tutto il mondo e predicate il Vangelo a ogni creatura" (Mc 16,15). In questo senso la legittimità dell'intervento non si risolve semplicemente in una possibile decisione e scelta, ma in una necessità. E questo esige e favorisce non una qualsiasi libertà, ma una libertà matura, forte, coraggiosa.

Riascoltiamo la pagina dell'Enciclica che, partendo dal pensiero di Paolo VI, si snoda rimandando a documenti di Giovanni Paolo II e si configura così come una sintesi del recente magistero della Chiesa: "L'Esortazione apostolica *Evangelii nuntiandi*, per parte sua, ha un rapporto molto intenso con lo sviluppo, in quanto 'l'evangelizzazione – scriveva Paolo VI – non sarebbe completa se non tenesse conto del reciproco appello, che si fanno continuamente tra il Vangelo e la vita concreta, personale e sociale, dell'uomo' (29). 'Tra evangelizzazione e promozione umana – sviluppo, liberazione – ci sono infatti dei legami profondi' (31): partendo da questa consapevolezza, Paolo VI poneva in modo chiaro il rapporto tra l'annuncio di Cristo e la promozione della persona nella società. *La testimonianza della carità di Cristo attraverso opere di giustizia, pace e sviluppo fa parte della evangelizzazione*, perché a Gesù Cristo, che ci ama, sta a cuore tutto l'uomo. Su questi importanti insegnamenti si fonda l'aspetto missionario (cfr. *Sollicitudo rei socialis*, 41) della dottrina sociale della Chiesa come elemento essenziale di evangelizzazione (cfr. *Centesimus annus,* 5.54). La dottrina sociale della Chiesa è annuncio e testimonianza di fede. È strumento e luogo imprescindibile di educazione a essa" (*CV*, 15).

Nell'evolversi storico degli interventi della Chiesa *in re sociali* non è difficile cogliere una presa di coscienza sempre più precisa della loro natura specifica: intesi prima come parte della *teologia morale* nell'ambito dei rapporti sociali, pensati poi come una parte della *dot-*

trina ecclesiale, sono stati interpretati come *parte integrante dell'opera evangelizzatrice* per approdare all'affermazione di una *forma di evangelizzazione*, anzi dell'*evangelizzazione:* e questa nella completezza e varietà dei suoi significati, dall'annuncio alla catechesi, dalla testimonianza o esperienza di vita all'opera educativa.

È però necessario soffermarci sull'intervento della Chiesa quando essa entra *in re sociali* a partire e in riferimento al Vangelo, perché sia inteso correttamente, senza cedere a imprecisioni o scadere in fraintendimenti. In realtà, quando si appella al Vangelo, la Chiesa fa sì un discorso originale, ma non per questo esclusivamente e indebitamente confessionale, perché del Vangelo vuole offrire a tutti – e quindi anche ai non credenti – i suoi *contenuti antropologici*, di per sé conoscibili e accettabili dalla ragione e dalla libertà umana.

Certamente il Vangelo presenta, in modo eminente e tipico, un contenuto teologico. Ma, proprio per questo, il Vangelo presenta inscindibilmente un contenuto antropologico: ci spiega chi è l'uomo, la sua dignità incomparabile, i suoi diritti sacrosanti e i suoi doveri irrinunciabili, le sue fondamentali relazioni con gli altri e con il mondo, il suo rapporto costitutivo con Dio. È in questa prospettiva che il Vangelo è entrato nella dottrina sociale della Chiesa e da questa è stato offerto e continua a essere offerto come dono a tutti, al di là della fede o comunque di una lettura religiosa da parte dei destinatari.

Si deve riproporre allora l'intelligente e feconda alleanza tra la ragione e la fede, tra la fede e la ragione, cui in termini più ampi faceva esplicito rimando il Concilio Vaticano II: "La Chiesa sa perfettamente che il suo messaggio è in armonia con le aspirazioni più segrete del cuore umano, quando difende la causa della dignità della vocazione umana, e così ridona la speranza a quanti disperano ormai di un destino più alto. Il suo messaggio non toglie alcunché all'uomo, infonde invece luce, vita e libertà per il suo progresso, e all'infuori di esso niente può soddisfare il cuore dell'uomo: 'Ci hai fatto per te, o Signore, e il nostro cuore è senza pace finché non riposa in te' (s. Agostino, *Confessioni*, 1,1)" (*Gaudium et spes*, 21).

Nello stesso tempo il Vangelo ha come suo valore originale, tipico, inconfondibile e insopprimibile quello di non limitarsi a presentare l'*humanum,* ma di riproporlo nella sua *novità,* in quella assoluta e insuperabile novità che scaturisce dall'amore di Cristo salvatore morto e risorto. *L'uomo svelato dal Vangelo* è l'uomo creato a immagine e somiglianza di Dio, redento da Cristo, rigenerato nello Spirito, reso membro della Chiesa, abilitato alla vita di fede e di carità. Colto poi nella sua essenziale relazionalità – come aperto agli altri, in comunione con gli altri e nel suo donarsi agli altri – l'uomo è centro vivo di rapporti interpersonali, che a cerchi concentrici danno vita al tessuto della famiglia, dei gruppi, delle comunità, dei popoli, dell'intera famiglia umana. E la novità ontologica dell'uomo si espande e si riflette nella sua novità relazionale: fondati su un amore nuovo, la carità, i rapporti sono a immagine e somiglianza di quelli propri della comunione delle Tre Persone divine e della comunione di Cristo Capo con il suo Corpo che è la Chiesa.

C'è dunque una "lieta notizia" che entra nella storia dell'umanità, c'è un *Vangelo* della vita sociale secondo la novità di Cristo, che offre la visione originale della dottrina sociale della Chiesa circa la vita umana come vita relazionale.

In una maniera estremamente sintetica ed efficace possiamo dire che la novità evangelica è data dal Figlio di Dio che si fa uomo e che nella sua divina umanità dà principio e forza a "nuovi" rapporti tra gli uomini: dunque, una nuova socialità sboccia e cresce nella famiglia umana. Così la dipinge il Concilio: "Dio, che ha cura paterna di tutti, ha voluto che gli uomini formassero una sola famiglia e si trattassero tra loro con animo di fratelli. Tutti, infatti, creati a immagine di Dio, 'che da un solo uomo ha prodotto l'intero genere umano affinché popolasse tutta la terra' (At 17,26), sono chiamati all'unico e medesimo fine, cioè a Dio stesso. Perciò l'amor di Dio e del prossimo è il primo e più grande comandamento [...] Ciò si rivela di grande importanza per uomini sempre più dipendenti gli uni dagli altri e per un mondo che va sempre più verso l'unificazione. Anzi il Signore Gesù quando prega il Padre, perché 'tutti siano uno, come anche noi siamo uno' (Gv 17,21-22) mettendoci davanti orizzonti impervi alla ragione umana, ci ha suggerito una certa similitudine tra l'unione delle persone divine e l'unione dei figli di Dio nella verità e nella carità, Questa similitudine manifesta che l'uomo il quale in terra è la sola creatura che Dio abbia voluto per se stessa, non possa ritrovarsi pienamente se non attraverso un dono sincero di sé (cfr. Lc 17,33)" (*Gaudium et spes*, 24).

Se il Vangelo, nel suo duplice e unitario contenuto antropologico e teologico – detto in termini semplici e profondi come svelamento del volto di Dio e del volto dell'uomo – entra quale elemento costitutivo originale nella dottrina sociale della Chiesa, mi sento *interpellato in ciò che costituisce il cuore stesso della mia missione di Vescovo: l'evangelizzazione*, l'annuncio e la testimonianza del Vangelo nella vita dell'uomo in tutti i suoi aspetti.

Ma *l'evangelizzazione è per sua natura intimamente collegata con la fede* perché l'annuncio del Vangelo è destinato proprio alla fede, a suscitarla, educarla, alimentarla nel cuore e nella vita vissuta degli uomini. Proprio la fede, dunque, si pone come la *magna quaestio,* la *sfida fondamentale* – e per questo basilare e onnicomprensiva – della missione, della vita, della passione pastorale, del servizio quotidiano del Vescovo nei riguardi degli uomini. *Il Vangelo e la fede*: ecco i due riferimenti – in realtà l'unico grande riferimento – del Vescovo in tutta la sua attività di pensiero e di giudizio, di ascolto e di consiglio, di insegnamento e di educazione, di testimonianza e di guida.

Qui emergono tutta la *bellezza* e il fascino e insieme tutta la *serietà*, anzi la drammaticità del servizio del Vescovo come – ci sia lecita questa definizione – "l'uomo del Vangelo", "l'uomo della fede". Così scrivevo sull'evangelizzare e trasmettere la fede all'inizio del mio programma pastorale nel 2003: "Siamo veramente di fronte non a una delle questioni pastorali, sia pure importante o importantissima, ma alla *questione centrale*, in un certo senso unica e decisiva: *l'evangelizzazione e la fede sono il 'caso serio' della Chiesa.* Serio, perché senza Vangelo e senza fede non c'è salvezza. Serio, perchè oggi l'annuncio del Vangelo e la trasmissione della fede si scontrano con difficoltà sociali e culturali in un certo senso inedite rispetto al passato e – parrebbe di dover dire – insormontabili". E aggiungevo: "Ci sono parole di Gesù che provocano in noi turbamento, sgomento e persino stordimento. Come quella sua domanda, lasciata senza risposta: 'Ma il Figlio dell'uomo, quando verrà, troverà la fede sulla terra?' (Mc 16,16)" (*Mi sarete testimoni. Il volto missionario della Chiesa di Milano*, Centro Ambrosiano, 2003).

Ora della fede vorrei soffermarmi a considerare quella che possiamo definire la "sfida sociale". Non entro qui in tutto l'affascinante e complesso – sempre aperto ed estremamente impegnativo – *problema missionario.* Ricordo solo che la questione ha davanti a sé una comunità cristiana (anche quella ambrosiana, con le sue accentuazioni tipiche) dal volto religioso quanto mai variegato e movimentato, nel quale si ritrovano le categorie più disparate: non credenti, neo-pagani, indifferenti o non praticanti o ostili alla fede cristiana (cattolicesimo ed ecumenismo), appartenenti a diverse religioni "classiche" o a nuove forme di religiosità, individui alla ricerca di una qualche esperienza religiosa... Tutte persone e gruppi che comunque rientrano nel mandato missionario del Signore: "Andate in tutto il mondo...".

Vorrei ora restringere l'attenzione ai credenti, ai cristiani che hanno ricevuto e in qualche modo vivono la loro fede in Gesù Cristo e nella Chiesa, come pure ai cristiani cosiddetti "impegnati". Proprio in questa categoria trovo "una sfida nella sfida", quella che ho voluto chiamare *"la sfida sociale della fede"*.

Perché e sin dove la fede non è considerata e vissuta nella sua dimensione o valenza sociale? Perché e sin dove non si percepisce, non si accoglie e non si vive *la grazia e la responsabilità sociale* proprie della fede cristiana? Perché non ci si lascia trascinare dal *dinamismo sociale* di cui, come energia morale e spirituale, sono segnate la fede e la vita di fede?

La risposta a questi e simili interrogativi è legata a tutta una serie di concezioni superficiali, indebolite, distorte di fede. Così, ad esempio, la fede come interiorità che rimanda esclusivamente ai sentimenti e non ai comportamenti, ai giudizi della coscienza individuale senza riferimenti al vivere sociale e ai suoi aspetti normativi; la fede come "bisogno psicologico" di sicurezza religiosa che conduce al ripiegamento su di sé senza la doverosa attenzione agli altri; la fede come "devozionalismo" che tende a esaurirsi in espressioni e pratiche di pietà senza un adeguato coinvolgimento d'impegno a favore del prossimo; la fede come "spiritualità" che viene pensata come intimismo e ancor più come *fuga mundi*, un ritirarsi dalla realtà quotidiana, specie quando si presenta faticosa nei rapporti con gli altri, per rifugiarsi indisturbata nel proprio io...

In realtà la debolezza della fede, per quanto riguarda in particolare il suo risvolto sociale, si ritrova anche in chi ne possiede e vive una che possiamo chiamare "vera", corrispondente con la sua verità. Si tratta però di una verità che non è assunta nella sua completezza e insieme nella sua profonda unità. Sappiamo infatti che la fede cristiana racchiude un *triplice e unitario elemento*: *dottrinale*, *liturgico e vitale*. Comporta nel credente l'adesione alla verità di Cristo e del suo Vangelo, la celebrazione dei sacramenti e la preghiera, la vita vissuta nell'obbedienza al comandamento nuovo della carità cristiana. È dunque, per sua intima natura, una *fede professata-celebrata-vissuta*. Una fede, dunque, che si manifesta e si realizza nella sua *integralità e unità*.

Proprio qui s'insinua il rischio di una fede dissociata nei suoi elementi, con il conseguente pericolo di una scelta unilaterale di un elemento rispetto agli altri. Ma sia la dissociazione che l'unilateralismo diventano una minaccia all'*autenticità* della fede compromettendone i contenuti, quindi anche quello propriamente sociale. La fede finisce per scegliere la strada della "privatizzazione", indulgendo troppo facilmente all'individualismo, accontentandosi di qualche forma di volontariato, rischia di tollerare il disinteresse per i problemi sociali e la delega ad altri. E tutto ciò pur coltivando – ma in modo non adeguato – l'adesione alla dottrina del Vangelo e la prassi sacramentale e di preghiera.

È questo – in sintesi – il panorama reale che non poche volte caratterizza le nostre comunità cristiane.

Proprio in questa situazione va affrontata la sfida sociale della fede, con una coscienza sempre più lucida e coerente della *fede come triade inscindibile*: solo se professata-celebrata-vissuta in maniera totale e indivisa si tratta di vera e autentica fede! È questa l'unica strada da percorrere se vogliamo vincere la sfida, se vogliamo *riscoprire e rilanciare con rinnovata forza la dimensione sociale e "politica" della fede cristiana.*

Devo confessare che nella Chiesa ambrosiana, dopo due trienni di Percorso pastorale diocesano dedicati alla triade inscindibile della fede professata-celebrata-vissuta – sia in rapporto alla comunità cristiana nel suo complesso sia in rapporto alla realtà più capillare delle famiglie – non sono mancate le risposte positive per uno slancio missionario nei diversi *ambienti di vita quotidiana.* Si è recuperato interesse per i più diversi problemi della vita: per l'educazione, la cultura, la scuola, la comunicazione sociale, la salute e la fragilità, il lavoro la casa, la città e le Istituzioni, il rapporto con il territorio e i "nuovi" venuti. Ma il cammino è ancora molto aperto, bisognoso di paziente ed energico rilancio. E ciò può avvenire mediante la predicazione e la catechesi, l'opera educativa e la testimonianza di vita: un continuo passare dal Vangelo "scritto" al Vangelo "vissuto", dal Vangelo della domenica (legato alla Parola e all'Eucaristia) al Vangelo della ferialità settimanale.

Mi pare sia di non poco stimolo per recuperare e puntare sulla dimensione sociale della fede cristiana quanto possiamo leggere nella *Caritas in veritate* non solo nei suoi molteplici richiami all'amore cristiano – nella sua duplice e unitaria dimensione di amore di Dio e di amore del prossimo – ma in particolare nell'interpretazione che dà all'enciclica *Populorum progressio* di Paolo VI. "Il Concilio approfondì quanto appartiene da sempre alla verità della fede, ossia che la Chiesa, essendo a servizio di Dio, è a servizio del mondo in termini di amore e di verità. Proprio da questa visione partiva Paolo VI per comunicarci due grandi verità. La prima è che *tutta la Chiesa, in tutto il suo essere e il suo agire, quando annuncia, celebra e opera nella carità, è tesa a promuovere lo sviluppo integrale dell'uomo*" (CV, 11).

Mi rendo conto che questo è un problema propriamente pastorale, ma desidero – per rapidissimi accenni – mostrarne l'originale e fortissima valenza sociale e politica. Non c'è annuncio evangelico che non abbia un suo contenuto sociale. Non c'è celebrazione sacramentale che non doni una grazia e non affidi una responsabilità che tocchino il tessuto sociale. Non c'è carità che non racchiuda una nuova risorsa e non espliciti un più forte e preciso impegno nel vivere tutte le dimensioni della vita cristiana.

Ci si deve allora interrogare sulla *grazia sociale e politica* – e insieme sul comandamento "sociale e politico" – che scaturiscono dall'annuncio del Vangelo, dai sacramenti celebrati nella Chiesa e primariamente dall'Eucaristia, dalla vita nuova della carità di Cristo. Proprio la grazia e la responsabilità legate alla fede cristiana costituiscono le motivazioni originali e inconfondibili dell'impegno sociale di ogni credente. Non solo, ovviamente, le motivazioni: ma anzitutto le energie che alla realizzazione dell'impegno sociale danno risorsa, vigore, fiducia, costanza, entusiasmo e gioia.

Se questo deve dirsi di *tutti* i credenti, deve essere altresì ripreso e modulato a partire e in riferimento alla loro vocazione propria e peculiare nella Chiesa. Si entra così nel vivo del discorso sui *fedeli laici*: questi, infatti, hanno una vocazione e conseguentemente una missione che li abilita e li impegna in modo specifico nelle *realtà terrene e temporali*. Come è noto, è questa la linea del Concilio Vaticano II, che ne parla con grande chiarezza in particolare nel capitolo loro dedicato nella grande Costituzione sulla Chiesa (*Lumen gentium*, 1964) e in chiave più esistenziale e operativa nel Decreto apposito (*Apostolicam actuositatem*, 1965). È una linea che chiede di essere ripresa con convinzione e decisione: per il bene della società e della stessa Chiesa.

Lo rilevavo nella Prolusione al Convegno Ecclesiale Nazionale di Verona nel 2006: «Inizio con una parola che è di quasi vent'anni fa: è venuta l'ora nella quale "la splendida 'teoria' sul laicato espressa dal Concilio possa diventare un'autentica 'prassi' ecclesiale" (*Christifideles laici*, 2). E *l'ora è aperta* conserva tutta la sua urgenza, *ma va accelerata* nel senso di coglierne l'intera ricchezza di grazia e di responsabilità per la missione evangelizzatrice della Chiesa e per il servizio al bene comune della società, in una parola per la testimonianza cristiana e umana nell'attuale situazione del mondo».

In questa linea potrà maggiormente svilupparsi *il "profetismo" dei laici*: un'acuta intelligenza nel leggere il futuro, un grande impegno nel preparare e anticipare il domani, una vera e propria audacia nell'aprirsi alle prospettive innovatrici e nel credere a realizzazioni giudicate impossibili. Sto pensando, in questo momento, ai non pochi spunti presenti nell'Enciclica sociale di Benedetto XVI e alla loro forza provocatoria e straordinariamente feconda. Ad esempio, tutti i richiami al dono, alla gratuità, alla fiducia reciproca, alla solidarietà, alla fraternità di cui ha bisogno il mondo economico per realizzare uno sviluppo veramente e pienamente "umano".

L'eredità della Chiesa di Milano: quale futuro?

Le mie riflessioni sull'Enciclica, lo ripeto, non possono prescindere dal mio ministero di Vescovo, e dunque dalla Chiesa ambrosiana e dal suo territorio, in particolare la città di Milano. Mi trovo così con un'eredità storica di cui sento di dover fare memoria per vivere in fedeltà e creatività il presente e preparare con lungimiranza e audacia il futuro.

Vorrei allora invitare il lettore a guardare, sia pure nelle sue linee essenziali, *al volto sociale della Chiesa e della città di Milano.*

La Chiesa ambrosiana lungo i secoli si è sempre presentata come una comunità cristiana capace di farsi carico – nel segno della prontezza e della concretezza operativa – delle tante vicende, ora liete e ora burrascose, che hanno animato favorevolmente o reso invece drammatici i tornanti della sua storia.

Il rimando a s. Ambrogio – ai suoi insegnamenti, ai suoi scritti, alla sua guida pastorale, alla sua spiritualità nell'ambito specifico della vita sociale e culturale – permane fondamentale. Un testo almeno, tratto dalla sua notissima opera *I doveri*, vogliamo riascoltare: "Secondo la volontà di Dio e il vincolo di natura dobbiamo esserci di reciproco aiuto, servirci a gara, mettere i nostri beni a disposizione di tutti e, per usare le parole della Sacra Scrittura, aiutarci a vicenda o con l'impegno personale o con i buoni uffici o con il denaro o con le opere o con qualsiasi mezzo, affinché cresca fra noi l'armonia del rapporto sociale. E nessuno sia distolto dal suo dovere, nemmeno dal timore di un pericolo, ma sia convinto che tutte le cose, sia buone che cattive, lo riguardano direttamente". E prosegue: "Grande pertanto è lo splendore della giustizia che, destinata agli altri piuttosto che a se stessa, sostiene la nostra comunità sociale ed è posta così in alto da avere ogni cosa soggetta al suo giudizio: soccorrere gli altri, offrire denaro, non rifiutare assistenza, affrontare i pericoli altrui" (lib. I, cap. 28).

Senza ripercorrere in dettaglio il cammino di interi secoli, ci accostiamo subito al periodo che ha visto estendersi a dismisura la questione sociale. L'ultimo secolo, il secolo della dottrina sociale della Chiesa inaugurato dalla *Rerum novarum*, è stato testimone di una vivacissima risposta sociale da parte della Chiesa di Milano, guidata con sapienza ed efficacia dai suoi pastori e concretizzata da un laicato operoso.

Già alla fine dell'Ottocento anche l'area milanese non poteva non risentire degli influssi della crescente industrializzazione, i cui sviluppi culminarono ben presto nell'esplodere della cosiddetta "questione sociale", centrata sul conflitto tra proprietà del capitale, vero motore dell'industrializzazione, e possesso del lavoro delle proprie braccia come unica risorsa da impiegare nel processo economico. Più in generale, il mondo industriale era in aperto contrasto con la cultura contadina, allora nettamente dominante.

La *Rerum novarum*, sorprendendo molti, divenne il punto di riferimento per un'azione ecclesiale che in area milanese cercò, anzitutto in forma pratica, di dare risposta ai due fronti contrapposti facenti capo rispettivamente al liberismo e al socialismo, sostenendo la cooperazione, il mutuo soccorso, l'associazionismo, reagendo ai tentativi di secolarizzazione della nascente classe operaia. Magari con tratti di paternalismo, ma la comunità cristiana seppe restare vicina alla propria gente sempre più provata e smarrita. La mancata presenza dei cattolici milanesi alle elezioni politiche, al pari di tutti quelli del Regno d'Italia a causa del *Non expedit*, era controbilanciata da un'intensa azione sociale e dalla presenza dell'Opera dei Congressi, prima struttura organizzata del cattolicesimo sociale italiano.

Nel 1897 l'Opera dei Congressi poteva già registrare 921 società operaie cattoliche (germe di quello che sarebbe poi stato il sindacalismo "bianco"), 705 casse rurali, un numero non indifferente di cooperative, comitati diocesani, parrocchiali, sezioni giovanili, circoli universitari, ben 26 quotidiani e 160 periodici. Non poche di queste realtà erano presenti a Milano e nei Comuni vicini, a cominciare da Sesto San Giovanni, dove si concentravano i grandi stabilimenti Breda, Falck, Ercole Marelli. La presenza di questo movimento sul territorio era più consistente a Monza e nella Brianza, dove avrebbe operato, tra gli altri, Achille Grandi. Il *Non expedit* tarpava sì le ali alla partecipazione politica vera e propria (i primi "cattolici deputati" sarebbero venuti qualche anno dopo), ma avrebbe aiutato a porre le basi di quella che Filippo Meda – un autorevole esponente del movimento cattolico – definì la fase della "preparazione nell'astensione".

È in questo quadro che si svolge il ministero pastorale del cardinale Andrea Carlo Ferrari (1850-1921). A lui dobbiamo una particolare, profetica attenzione alla formazione all'impegno e alla carità sociale dei cattolici: fondò infatti un gruppo di preti destinati a prendersi cura dei migranti all'estero, i Cappellani del lavoro, così come diede vita all'Opera s. Paolo, divenuta poi Opera Cardinal Ferrari. In quegli anni, come ha più volte messo in luce lo storico Giorgio Rumi nei suoi studi, i cattolici milanesi furono moderni, non modernisti: presero infatti le distanze dalle Istituzioni del Regno e si avvicinarono ai temi della questione sociale, offrendo una brillante prova di democrazia attraverso l'esercizio delle libertà di stampa, di associazione e di intervento assistenziale.

Il primo dopoguerra vede il contributo del cardinale Achille Ratti (1857-1939), il futuro Pio XI, che nei pochi mesi del suo ministero a Milano poté inaugurare l'Università Cattolica del Sacro Cuore, vera e propria fucina di docenti, professionisti, quadri e dirigenti cristianamente ispirati. In seguito il cardinale Eugenio Tosi (1864-1929), un uomo della nostra terra che ha condiviso con la sua gente e con grande discrezione i difficili anni dell'avvento del fascismo, ha difeso strenuamente la libertà della sua Chiesa dagli influssi sempre più pressanti della politica del tempo, così da consegnarla al suo successore libera di annunciare il Vangelo e di educare a viverlo.

Una Chiesa che ha continuato a crescere, svilupparsi, articolarsi e radicarsi sul territorio grazie all'azione instancabile del beato cardinale Alfredo Ildefonso Schuster (1880-1954), che mostrò la capacità di unire un singolare zelo pastorale, sostenuto da una predicazione infaticabile e puntuale, a una carità costante e umile, specialmente in occasione del dilagare nelle nostre terre degli effetti della crisi del '29 come pure nel soccorso ai poveri e ai prigionieri politici nel corso della Seconda guerra mondiale. In particolare, come immediata risposta alla crisi, raccogliendo tempestivamente l'accorato appello che Pio XI aveva rivolto a tutti i fedeli nell'enciclica *Nova impendet* del 2 ottobre 1931, propose una "crociata del lavoro, almeno per mitigare il flagello della disoccupazione", nel cui ambito rientrava anche la decisione di erigere tre chiese nella periferia milanese, "procurando così lavoro agli operai" (*Lettera pastorale*, 18 ottobre 1931).

Nel secondo dopoguerra, Milano si confermava capitale economica e soprattutto operaia del Paese. Il censimento del 1951 registrerà 34.074 unità industriali con 457.444 addetti con una preponderanza di "tute blu". "Milano è una grande città, viva e vitale" avrebbe detto l'arcivescovo Montini a un giornalista, nel viaggio che lo portava in treno da Lodi a Milano la sera precedente il suo ingresso come Arcivescovo. Ma la città si avviava a vivere un gigantesco, e sotto certi aspetti incredibile e imprevisto, cambio di pelle, almeno nelle dimensioni assunte. Montini lo avvertì con acuta sensibilità. Gli immigrati non erano solo quanti venivano dalle vicine zone rurali e la sera tornavano a casa; a questo pendolarismo si era aggiunta rapidamente una crescente immigrazione – destinata a diventare stabile per le occasioni di lavoro che Milano offriva in quegli anni – che aveva svuotato vaste aree della montagna e soprattutto del Mezzogiorno. Interi paesi del Sud si erano riversati sui "treni della speranza", mentre Milano si gonfiava, mancavano le case e mancavano anche le chiese. La città aveva cambiato volto, anche nei comportamenti religiosi. I "lontani", che non erano soltanto gli atei ma anche gli indifferenti, erano diventati, già negli anni Cinquanta, la maggioranza dei suoi abitanti. È in questo clima che l'arcivescovo Montini inaugurò la Grande Missione del 1957, rivelando in questa e in numerose altre circostanze una spiccata sensibilità per il notevole mutamento sociale ed ecclesiale in atto.

Il periodo conciliare e post-conciliare milanese ha potuto fruire poi della guida del cardinale Giovanni Colombo (1902-1992), annunciatore infaticabile della verità dell'uomo contro ogni attacco ideologico tendente a sminuirne la portata. Di qui il suo appello a una promozione umana, individuale e sociale, correlata con il Vangelo e la sana razionalità. A lui dobbiamo, fra l'altro, la consuetudine dei Discorsi alla Città nella vigilia di Sant'Ambrogio.

Ricordiamo poi il contributo offerto dal suo successore, il cardinale Carlo Maria Martini: il convegno "Farsi prossimo", le Scuole di formazione sociale e politica, la capacità di interpretare in modo coraggioso a partire dalla parola biblica anche gli eventi più clamorosi (ricordo ad esempio la sua *lectio* in occasione dell'11 settembre) hanno rischiarato una stagione fortemente dominata dal cosiddetto "riflusso" e dal *post-moderno*, caratterizzata dal "tramonto delle ideologie" come pure delle cosiddette "evidenze etiche".

Raccogliendo una così ricca tradizione, ho *personalmente* cercato di proclamare in diverse occasioni i pilastri di un annuncio evangelico oggi, nella prospettiva di una comunità cristiana di più forte impronta missionaria, pronta a farsi presente – come "anima del mondo" – nei più disparati ambienti di vita, capace di testimoniare anche attraverso un'autentica sobrietà e solidarietà, sociale e pastorale al tempo stesso, la propria fede professata-celebrata-vissuta. Continuando i tradizionali Discorsi alla Città nella vigilia di Sant'Ambrogio ho intenzionalmente garantito una loro riproposizione applicativa presso i responsabili delle Istituzioni e gli amministratori locali, non solo in Milano ma anche a Monza, Varese e Lecco. Frequente e forte è stato da parte mia l'appello al riscatto di particolari situazioni di emergenza secondo il principio che "i diritti dei deboli non sono diritti deboli". Costante anche l'impegno di avanzare la proposta di una società che cammini con decisione verso la giustizia e il bene comune sulle vie maestre dell'accoglienza, del dialogo, del superamento delle disuguaglianze, della promozione di ogni uomo e donna, in qualsiasi condizione si trovino. L'irrompere e il successivo aggravarsi della crisi economico-finanziaria e occupazionale mi hanno indotto a istituire, la notte di Natale 2008, il Fondo famiglia-lavoro, per contribuire ad alleviare i bisogni delle famiglie rimaste senza le risorse derivanti dal lavoro e, più in profondità, per educare a uno stile di vita improntato a sobrietà e solidarietà.

Sarebbe però molto incompleta la presentazione del volto sociale della Chiesa ambrosiana se ci fermassimo ai suoi arcivescovi. Dobbiamo allargare lo sguardo ai *tanti presbiteri e laici* che hanno contribuito a disegnare questo volto. Tra i primi basterà ricordare monsignor Ambrogio Portaluppi (1863-1923), il futuro arcivescovo di Genova cardinale Carlo Dalmazio Minoretti (1861-1938), Adriano Bernareggi (1884-1953), divenuto poi vescovo di Bergamo. Aggiungo inoltre diversi sacerdoti ambrosiani la cui profonda sensibilità verso le necessità altrui li ha portati alla santità: i beati Luigi Monti (1825-1900), Luigi Talamoni (1848-1926), Luigi Monza (1898-1954), Carlo Gnocchi (1902-1956). Senza, ovviamente, dimenticare gli innumerevoli laici dediti all'apostolato sociale nella forma dell'impegno politico, sindacale e per una cultura aperta alle grandi problematiche del tempo: Filippo e Luigi Meda, Armida Barelli, Francesco Vito, Giuseppe Lazzati…

Ci troviamo di fronte a un fiume di carità sociale, alimentato da questi e molti altri testimoni, che scaturisce da una robusta spiritualità sempre pronta a tradursi in un vissuto di solidarietà operosa, attenta alle emergenze dei tempi, sempre disponibile al servizio e alla cura di chi è nel bisogno. È un fiume che non deve terminare con noi, ma deve ritrovare sempre di nuovo il suo corso nutrendosi di fede viva, di formazione autentica, di idee generose, di proposte concrete e capaci di coinvolgere nell'obiettivo di ricercare il bene comune, cioè di tutti e di tutti insieme (non è forse questa la "verità dell'agire sociale"?) anche chi non condividesse, almeno esplicitamente, un cammino di fede.

La questione sociale è ormai divenuta oggi un fenomeno di portata mondiale in cui ogni evento, anche locale, ridonda a favore o a sfavore di tutta l'umanità. E questo ancor più in una città come Milano, che porta in sé le tracce della presenza del mondo intero.

Ma come continuare a imparare dalla storia della Chiesa ambrosiana e di Milano?

Anzitutto occorre fare memoria di questi nomi, di queste sorprendenti biografie e delle opere da loro fondate, molte delle quali ancora esistono: conosciamo, e non soltanto per sentito dire, questa ricchissima tradizione? Diversamente, come potremo tramandarla?

Inoltre bisogna possedere quel senso del tempo presente che costoro hanno avuto: recuperare quella loro capacità di leggere e ascoltare la storia, i fatti, minuscoli o macroscopici, come altrettante chiamate, appelli a un'azione convinta, corale, mai sazia prima di aver raggiunto l'obiettivo prefissato.

Infine non dobbiamo mai dimenticare la sorgente della loro attività: quella solida spiritualità ambrosiana, centrata sull'eucaristia e sulla preghiera, che grazie alla guida offerta da pastori preparati ha saputo far emergere personalità dedite ed esemplari. Riprendendo la parola di Benedetto XVI, si tratta di mettersi in cammino animati dalla carità e illuminati dalla verità: "La verità va cercata, trovata ed espressa nell'"economia' della carità, ma la carità a sua volta va compresa, avvalorata e praticata nella luce della verità. In questo modo non avremo solo reso un servizio alla carità, illuminata dalla verità, ma avremo anche contribuito ad accreditare la verità, mostrandone il potere di autenticazione e di persuasione nel concreto del vivere sociale. Cosa, questa, di non poco conto oggi, in un contesto sociale e culturale che relativizza la verità, diventando spesso di essa incurante e a essa restio" (*CV*, 2).

Milano, città globale

In questo nostro tempo, il Papa ci insegna che la questione sociale, insieme antropologica e morale (*CV*, 75), è la *questione della mondialità*, della globalizzazione, dello sviluppo integrale dell'uomo, di ogni uomo, di tutti gli uomini e i popoli: come non intravedere qui un'autentica ricerca di santità suscitata dal fiume di vera carità così mirabilmente esercitata da quanti ci hanno preceduto nella nostra Chiesa ambrosiana e nella città di Milano?

Non si può dimenticare, infatti, che la mondialità è una realtà già ampiamente presente e sperimentata a Milano, dove possono incontrarsi (o scontrarsi) più di cento etnie, portatrici di culture, costumi, appartenenze religiose diverse e spesso non confrontabili a prima vista. In una città come Milano *sviluppo dell'uomo e sviluppo dei popoli quasi si toccano.*

E in proposito, come Vescovo di questa città, mi

pongo almeno due interrogativi. Il primo: quali difficoltà spesso non vediamo (o magari non vogliamo vedere) circa il territorio che abitiamo e che sentiamo l'esigenza di vivere non da semplici viaggiatori distratti, ma da protagonisti? Il secondo: una volta riconosciute, come affrontare queste difficoltà, in modo non superficiale ma pienamente consapevoli della loro ampiezza e complessità, delle loro molteplici implicazioni?

Vorrei soffermarmi, con veloci accenni, su alcuni dei diversi problemi che vedo urgenti circa i contenuti presenti nella *Caritas in veritate*, partendo dal suo stesso sguardo teso a scrutare le vie per giungere, anche nella realtà milanese, a un autentico e integrale sviluppo dell'uomo.

a) Città frantumata o unificata?

Osservando e incontrando Milano nei suoi quartieri, nelle sue parrocchie, nelle sue espressioni di impegno sociale e civile, visitandola nei luoghi dell'educazione e della sofferenza, ne ricavo sempre di più *l'immagine di una grande città fatta da tante piccole isole*, spesso non comunicanti tra di loro.

Sono numerose le questioni che non devono sfuggire all'attenzione dell'intera comunità cristiana e civile: le periferie, vecchie e nuove (spesso si tratta di realtà di emarginazione, non sempre corrispondenti alle zone distanti dal centro, ovunque si trovino); le Istituzioni percepite come lontane dai cittadini; il conflitto generazionale che segnala la spaccatura tra mondo giovanile e mondo adulto; i "nuovi venuti" non in piena comunicazione con chi è *milanese* da più tempo; la disattenzione di chi ha un lavoro sicuro e ben remunerato nei confronti di chi è precario o disoccupato; l'indifferenza di chi ha una casa da abitare con la propria famiglia rispetto a chi non riesce a ottenerla; l'insensibilità di chi è sano nei riguardi di chi vive il dramma della malattia. Tutti sono chiamati ad *abitare* un territorio, a sentirlo proprio, a prendersene cura, ad appartenervi e non semplicemente ad attraversarlo o *usarlo* a proprio piacimento, quasi fosse ritenuto un bene privato e non un'occasione di sempre nuova comunanza e condivisione.

Concentrando ora maggiormente lo sguardo su Milano, osservo come pure la nuova toponomastica sembri suggerire, al di là della necessaria e ordinata organizzazione delle funzioni urbane, una sorta di suddivisione: la città della moda, la città della salute, la città dei servizi, la città della fiera, quella della tecnologia, i nuovi quartieri esclusivi ben isolati e protetti dai confinanti.

Milano ha bisogno, invece, di tornare a pensarsi come *una sola città*, arricchita – e non minacciata – dalle appartenenze diversificate, dalle particolarità e singolarità. Urge uno sforzo – morale e operativo – che ben si può riepilogare nella categoria del dialogo.

È nel dialogo e nell'incontro che Milano mostrerà il suo volto più vero, più amabile, più autentico. Questa è una città da sempre chiamata all'incontro delle genti e delle altre città. Milano è *un crocevia naturale*, è sede di scambio tra persone, culture e tradizioni diverse: e questa naturalità nei secoli si è saldata con l'identità cittadina.

C'è chi non manca di paventare un rischio: una città che assume come proprio tratto sintetico, distintivo, il volto del dialogo, non corre forse il rischio di divenire un luogo senza identità precisa? Io sono invece fermamente convinto che *il dialogo rafforza l'identità*, la arricchisce, la rinnova, la proietta verso il futuro. La paura di perderla attraverso il dialogo non è – forse – già segno di una identità indebolita?

b) La sfida dell'immigrazione

Milano è simbolo, spesso anticipatore, di ciò che poi accade nell'intero Paese. È anzitutto la sfida culturale, portata alle nostre città dai popoli e dalle genti che domandano cittadinanza, a provocarci a questo inevitabile – e ritengo promettente – confronto.

Troppe volte, e con troppa insistenza, negli ultimi tempi si è pensato agli stranieri soltanto come a una minaccia per la nostra sicurezza, per il nostro benessere. Pregiudizi e stereotipi che hanno causato spesso il loro isolamento, relegandoli così in condizioni che hanno generato e aggravato illegalità e fenomeni di delinquenza.

Provvidenzialmente, noncuranti delle tante ed eccessive polemiche dei mesi scorsi, molte persone, in modo silenzioso e nel nome della propria fede e di un alto senso umanitario, stanno operando per assistere questi nuovi venuti fin nei loro bisogni più elementari. Penso alla Caritas e alle sue molteplici emanazioni, alla Casa della Carità, a quegli interventi delle amministrazioni locali che hanno saputo distinguersi per intelligenza, viva disponibilità, creatività. Penso al buon cuore anche di tanti semplici cittadini e ai loro piccoli ma sinceri gesti di aiuto.

Questi segni positivi e carichi di speranza domandano però di essere preceduti, accompagnati e sostenuti da un *approccio culturale nuovo* nei confronti degli immigrati, così che gli interventi nei loro confronti non si risolvano con la delega a chi si occupa di assistenza e non siano motivati solo da provvedimenti d'emergenza. Occorre, con una visione complessiva del fenomeno, guardare agli immigrati non solo come *individui*, più o meno bisognosi, o come *categorie* oggetto di giudizi negativi inappellabili, ma innanzitutto come *persone*, e dunque portatori di diritti e doveri. Questi diritti esigono il nostro rispetto, così come i rispettivi doveri verso la nuova comunità da loro scelta devono essere da essi responsabilmente assunti. La coniugazione dei diritti e dei doveri farà sì che essi non restino ai margini, non si chiudano nei ghetti, ma – positivamente – portino il loro contributo al futuro della città secondo le forze e con l'originalità della propria identità.

La persona non si definisce però solo per un insieme di diritti e di doveri, ma per un quadro di valori, uno stile di vita, una visione del mondo, una religiosità: in una parola, per una "cultura". In tal senso dialogare con gli immigrati significa entrare in contatto con la loro cultura, conoscerla, apprezzarla, valorizzarla perché essi, a loro volta, conoscano, apprezzino e valorizzino la nostra cultura, il nostro modo di vedere e di vivere. Certo, occorre tempo, tanto tempo. Occorre pazienza, apertura, passione, desiderio di dialogare per crescere insieme e approdare a una nuova sintesi culturale che caratterizzerà la Milano di domani: una Milano dei "milanesi da generazioni" (ma sono pochi perché gli attuali milanesi vengono da ogni parte) e dei "nuovi" milanesi, cioè gli immigrati.

Dobbiamo onestamente chiederci: c'è desiderio di conoscere davvero l'altro senza temere la sua diversità? Conosciamo quale contributo insostituibile gli immigrati, spesso anche i clandestini, offrono ogni giorno alla vita della nostra città? Senza il loro lavoro Milano si fermerebbe. Abbiamo bisogno di loro! E non solo della loro fatica, ma soprattutto di quella ricchezza che nasce dall'incontro e dal dialogo. La paura non vinca!

È necessario accogliere con convinzione quanto afferma il Papa nella *Caritas in veritate* a proposito del fenomeno delle migrazioni. Queste, definite "un fenomeno sociale di natura epocale" (*CV*, 62), impressionano per la quantità di persone coinvolte, per le problematiche sociali, economiche, politiche, culturali e religiose che sollevano, per le sfide drammatiche che pongono alle comunità nazionali e a quella internazionale. In tal senso "nessun Paese da solo può ritenersi in grado di far fronte ai problemi migratori del nostro tempo. Tutti siamo testimoni del carico di sofferenza, di disagio e di aspirazioni che accompagna i flussi migratori" (*CV*, 62).

Assieme ai confratelli Vescovi lombardi, riuniti proprio nel giorno in cui veniva pubblicata l'Enciclica, ho condiviso tempestivamente la gioia di poter inviare alle comunità lombarde un messaggio che ne intendeva riproporre i contenuti, declinandoli in relazione al nostro specifico territorio. In particolare scrivevo: "Provocati anche dalle parole della nuova enciclica di papa Benedetto XVI *Caritas in veritate* appena pubblicata, i Vescovi lombardi sentono il dovere pastorale di rivolgersi ai fedeli delle comunità cristiane della Lombardia per invitarli alla riflessione. Il consenso ad alcune parti della legge contenente 'Disposizioni in materia di sicurezza', emerso anche nelle comunità cristiane, fa nascere interrogativi e suscita preoccupazione. Sembra che la paura – in qualche circostanza purtroppo non priva di ragioni – troppo spesso amplificata artificialmente, spinga a una reazione emotiva che non aiuta a leggere in verità il fenomeno della migrazione e ostacola la considerazione della dignità umana di cui ogni persona – anche quando migrante – è portatrice. Straniero non è sinonimo di pericolo o di delinquente: la maggior parte degli immigrati che vivono e lavorano tra noi lo fanno in modo onesto e responsabile a tal punto da costituire una presenza fondamentale e insostituibile per molte attività produttive e per la vita di molte famiglie. Per sostenere questo sguardo libero da precomprensioni e paure eccessive, le nostre comunità cristiane devono rinnovare lo sforzo educativo sui temi dell'accoglienza e della dignità di ogni persona, principi irrinunciabili dell'autentica razionalità e ancor più dell'insegnamento evangelico [...]. I cristiani pertanto devono farsi promotori di atteggiamenti e di una legislazione che riconoscano i diritti delle persone oneste (anche quando immigrate);

promuovano e sostengano la responsabilità sociale di questi 'nuovi cittadini' provenienti da altri Paesi; favoriscano la solidarietà verso tutti i soggetti più deboli; realizzino procedure praticabili, sensate ed efficienti per la regolarizzazione degli stranieri presenti da tempo nella nostra regione ma formalmente irregolari solo perché la burocrazia rallenta e complica l'applicazione di regole già in vigore. Favorire l'integrazione degli immigrati presenti nella nostra regione alla ricerca di condizioni di vita oneste e dignitose è la via più promettente per realizzare una convivenza serena che vinca la paura e giovi al bene comune" (*Messaggio*, 7 luglio 2009).

In questa prospettiva stanno muovendosi quelle comunità cristiane che sono particolarmente impegnate non solo in uno stile di accoglienza, ma soprattutto nel dare ai migranti un ruolo attivo in ogni ambito della comunità, un ruolo di servizio come pure di rappresentanza e consiglio. Dobbiamo stima e gratitudine al lavoro sapiente della Pastorale dei migranti, all'opera infaticabile dei molti missionari partiti dalle nostre terre lombarde, come pure dei nostri preti *fidei donum* che spendono anni del loro ministero condividendo il cammino di altre chiese sorelle in mezzo a popolazioni segnate da forme di povertà e di ingiustizia. Da loro viene la preziosa testimonianza di una Chiesa che sa in molti modi coniugare l'annuncio del Vangelo e la celebrazione dei sacramenti con uno stile di vita fortemente solidale con le enormi necessità di carattere economico, sociale, politico e culturale che incontrano.

c) I giovani, gli anziani e le solitudini che invocano la solidarietà

Se pensiamo all'autentico sviluppo del territorio milanese, specie nella prospettiva del domani, non possiamo non avere uno sguardo particolare ai giovani e alla loro condizione. Personalmente non credo ai luoghi comuni sui giovani di oggi. L'impressione è che spesso vengano accusati e condannati, come categoria, perché – oltre i deprecabili errori commessi da alcuni – non gli si perdona, dentro una società che diventa di giorno in giorno sempre più vecchia, la loro età e dunque la loro diversità e il loro sguardo aperto al futuro.

Certo, atteggiamenti problematici e dannosi per loro stessi e la società non mancano: bullismo, sfrenatezza di vita, alcolismo, assunzione di droghe. Ma il nostro atto di fiducia verso le nuove generazioni non può essere offuscato da una condanna aprioristica di tutti i giovani. Tanti di loro studiano, lavorano, si dedicano agli altri, si preparano con serietà al futuro, si divertono in modo sano: e tra loro molti giovani immigrati. Ascoltiamoli con speranza e fiducia, dialoghiamo con loro. Guardiamo a loro con gioia. Rinnoviamo e teniamo alta la nostra preoccupazione e l'impegno di tutti per "costruire" una scuola che fornisca ai giovani gli strumenti per entrare consapevolmente nella vita e diventarne protagonisti. Offriamo loro occasioni per vivere esperienze che li aiutino a essere introdotti, ad apprendere e a possedere il significato pieno della vita. Gli oratori, il volontariato, gli interessi culturali, l'impegno politico: quante possibilità da cogliere, da valorizzare, da rilanciare per tornare seriamente a scommettere sui giovani. La Chiesa, la politica, la scuola e l'università, le imprese, devono pensare i giovani non come un problema, una realtà cui volgere attenzioni soltanto saltuarie o interessate, bensì essere consapevoli che è a partire da loro e per loro beneficio che la società potrà vivere un autentico sviluppo.

Specularmente, vedo anche le tante fatiche cui sono esposti gli anziani. Tanti i problemi che affliggono questa fascia d'età che costituisce una larga parte della popolazione milanese: solitudine, abbandono, servizi non sempre adeguati, condizioni di vita delle famiglie incompatibili con le loro esigenze (con il conseguente allontanamento da esse), mancanza di opportunità per continuare a offrire il proprio contributo alla società. Penso in modo tutto particolare a chi, dopo una vita spesa per la famiglia, vive la difficile condizione della vedovanza, non sempre rischiarata dalla possibilità di avere presso di sé i propri figli e nipoti.

La situazione degli anziani è l'emblema delle molte solitudini che affliggono la vita della città: gli studenti e i lavoratori che trascorreranno magari soltanto alcuni mesi a Milano, i migranti costretti a vivere anche anni lontano dai propri familiari, dai coniugi e spesso dai figli, i molti altri che per le più svariate ragioni vengono ad abitare la città.

Afferma, infatti, papa Benedetto XVI: "Una delle più profonde povertà che l'uomo può sperimentare è la solitudine. A ben vedere anche le altre povertà, comprese quelle materiali, nascono dall'isolamento, dal non essere amati o dalla difficoltà di amare" (*CV*, 53).

A queste persone, che vivono la sofferenza e qualche volta il degrado della solitudine, esprimo la mia più viva solidarietà ed esorto fraternamente a porre in atto tutte le iniziative, istituzionali e non, atte a favorire il ricongiungimento familiare, come pure auspico da parte di tutti una maggiore attenzione, ma anzitutto sensibilità, per le persone sole cui a volte basterebbe la vicinanza di familiari, parenti e amici per ritrovare nuova speranza di vita.

d) Politica e Istituzioni

"La Chiesa non ha soluzioni tecniche da offrire e non pretende 'minimamente d'intromettersi nella politica degli Stati' (*Populorum progressio*, 13). Ha però una missione di verità da compiere, in ogni tempo ed evenienza, per una società a misura dell'uomo, della sua dignità, della sua vocazione. [...] La sua dottrina sociale è momento singolare di questo annuncio: essa è servizio alla verità che libera. Aperta alla verità, da qualsiasi sapere provenga, la dottrina sociale della Chiesa l'accoglie, compone in unità i frammenti in cui spesso la ritrova, e la media nel vissuto sempre nuovo della società degli uomini e dei popoli" (*CV*, 9).

Proprio a partire da questo passo vorrei introdurmi sull'importante argomento della politica e delle Istituzioni con il notissimo testo conciliare della Costituzione *Gaudium et spes* sul rapporto Chiesa-mondo: "Tutti i cristiani devono prendere coscienza della propria speciale vocazione nella comunità politica; essi devono essere d'esempio, sviluppando in se stessi il senso della responsabilità e la dedizione al bene comune, così da mostrare con i fatti come possano armonizzarsi l'autorità e la libertà, l'iniziativa personale e la solidarietà di tutto il corpo sociale, la opportuna unità e la proficua diversità" (75).

Sono parole che non invecchiano, ma che mostrano una forza profetica, una capacità propulsiva davvero straordinaria. Mi affascina sempre pensare che, nonostante il passare degli anni, siamo tuttora "la Chiesa del Concilio", che vive di esso e che lo può di continuo attualizzare. È il Concilio che ha reso possibile la *Populorum progressio* prima e la *Caritas in veritate* poi. In quest'ultima non mi è affatto difficile riscoprirne un'eco particolare: "Si ama tanto più efficacemente il prossimo, quanto più ci si adopera per un bene comune rispondente anche ai suoi reali bisogni. Ogni cristiano è chiamato a questa carità, nel modo della sua vocazione e secondo le sue possibilità d'incidenza nella *pólis*. È questa la via istituzionale – possiamo anche dire politica – della carità, non meno qualificata e incisiva di quanto lo sia la carità che incontra il prossimo direttamente, fuori delle mediazioni istituzionali della *pólis*.

Quando la carità lo anima, l'impegno per il bene comune ha una valenza superiore a quella dell'impegno soltanto secolare e politico" (CV, 7).

Proprio in quest'ultimo passo trovo la scintilla che mi porta a dire una parola *a proposito della politica e delle Istituzioni*: non tanto sul versante interno dei rapporti tra gli addetti ai lavori, quanto sulla *frattura* che si è aperta tra i cittadini e la politica, tra i *cittadini* e le *Istituzioni*. Sinteticamente sembrerebbe di poter affermare che i cittadini non comprendono più i politici e le Istituzioni che dovrebbero rappresentarli; e che i politici non comprendono più i cittadini che dovrebbero rappresentare. Fatico, in molte, in troppe occasioni, a riscontrare tracce di quella *carità* potremmo dire "istituzionalmente mediata" cui Benedetto XVI esorta.

La politica merita attenzione e fiducia, ma richiede partecipazione, finalizzazione al bene comune, ricerca della verità. Essa ha oggi bisogno di un di più di presenza. Se è compito della classe politica riavvicinare i cittadini, è compito anche dei cittadini non abbandonare il campo, riaprire una linea di credito alla politica, tornare al dialogo, intenso e appassionato. È difficile, ma necessario. È un rinnovamento che riguarda tutti: dalla partecipazione richiesta ai singoli cittadini al ruolo dei pubblici amministratori, allo sforzo dei politici e degli economisti per uscire dalla crisi in atto. Siamo di fronte a una crisi di moralità, di costume, come più volte si è detto, prima che a una questione di strumenti tecnico-finanziari errati, creati appositamente da chi non si è posto particolari interrogativi di ordine morale.

Oltre ad affrontare la crisi, si tratta di formare altri, soprattutto le giovani generazioni, a una nuova, attiva partecipazione sociale. Ciò è indispensabile se davvero vogliamo guardare al futuro preparando fin da oggi il domani. Ancora una volta, impegno locale e apertura alla mondialità si intrecciano. È infatti quanto mai necessario il ruolo dei pubblici poteri, non però disgiunto da una più convinta, attiva partecipazione da parte di tutti: singoli cittadini, famiglie, comunità, gruppi e in particolare tutti i soggetti che costituiscono la "società civile", in cui la comunità cristiana è quanto mai presente e attiva (*CV*, 24).

Ma perché vi siano persone capaci di assumersi ruoli sia di amministrazione pubblica sia di servizio alla società è necessario formarle, educarle e proseguire poi con proposte adeguate di accompagnamento. Riprendo di nuovo un passo della *Gaudium et spes*: "Bisogna curare assiduamente l'educazione civica e politica, oggi particolarmente necessaria, sia per l'insieme del popolo, sia soprattutto per i giovani, affinché tutti i cittadini possano svolgere il loro ruolo nella vita della comunità politica" (75).

In quest'ambito, anche la Chiesa di Milano sta muovendo i propri passi: ne è testimonianza la partecipazione attiva di numerosi giovani alla Scuola di Formazione sociale e politica avviata a Milano e dall'ottobre 2009 estesa anche ai territori di Lecco, Varese, Monza, Rho.

Sono convinto che questo ritrovato dialogo riaprirà anche un *rapporto di maggiore fiducia nelle e per le Istituzioni.* La città non esiste senza le sue Istituzioni. Il Paese intero non esisterebbe, non avrebbe identità e volto senza le sue Istituzioni. Senza Istituzioni capaci di instaurare e mantenere un dialogo con i cittadini, al cui servizio esse sono poste, la città non avrebbe di certo il suo volto più bello.

Si tratta tuttavia di un dialogo che deve coinvolgerci come comunità cristiane: penso anzitutto alla positiva esperienza del Consiglio delle Chiese Cristiane, che in questi anni è progressivamente cresciuto fino a rappresentare oggi ben 18 confessioni cristiane, divenendo premessa di un dialogo capace di coinvolgere sempre più anche la cura per la nostra città con tutti i suoi interrogativi, le sue chiusure, le sue problematiche, le risorse e opportunità.

Un dialogo che non può rinunciare a estendersi fino all'incontro con le altre confessioni religiose, in particolare con l'Islam. Occorre non aver timore di confrontarsi con le diverse forme del sapere e della razionalità contemporanea, in forma scientifica o riflessa. È quanto afferma coraggiosamente Benedetto XVI: "Il dialogo fecondo tra fede e ragione non può che rendere più efficace l'opera della carità nel sociale e costituisce la cornice più appropriata per incentivare la *collaborazione fraterna tra credenti e non credenti* nella condivisa prospettiva di lavorare per la giustizia e la pace dell'umanità" (*CV*, 57).

e) Nuovi stili di vita per affrontare la crisi in una città che si rinnova

La crisi tuttora in atto ha già mostrato i suoi effetti in particolare nel crescente numero di disoccupati che ha colpito anche la nostra regione nei mesi scorsi. Al di là degli strumenti e degli errori di natura tecnico-finanziaria che l'hanno causata, la crisi ha certo radici ben più profonde di natura etica, antropologica, spirituale. Questa crisi, come afferma il Papa, rivela "lo scenario di un mondo che ha bisogno di un profondo rinnovamento culturale e della riscoperta di valori di fondo su cui costruire un futuro migliore". E prosegue: "La crisi ci obbliga a riprogettare il nostro cammino, a darci nuove regole e a trovare nuove forme di impegno, a puntare sulle esperienze positive e a rigettare quelle negative. La crisi diventa così *occasione di discernimento e di nuova progettualità*. In questa chiave, fiduciosa piuttosto che rassegnata, conviene affrontare le difficoltà del momento presente" (*CV*, 21). Una crisi che può quindi trasformarsi in occasione di ripensamento, di crescita, di sviluppo vero: condiviso, fraterno, solidale. L'importante è che da questa crisi, anche, si impari; non accada che, una volta superata, si ristabilisca l'assetto precedente, così che l'umanità ritorni semplicemente a vivere in tutto come prima, come se nulla fosse successo.

Ma quali risposte dare alla crisi che incombe colpendo intere famiglie di italiani e di migranti, giovani e persone di mezza età che faticano sempre più a reinserirsi in un posto di lavoro, mettendo in difficoltà aziende appena sorte e di provata solidità? Che risposte dare a una crisi che ha innalzato a livelli inquietanti la disoccupazione indebolendo l'intero sistema degli attuali "ammortizzatori sociali"?

Come pastore della Chiesa di Milano ho cercato di dare una prima, tempestiva risposta con l'istituzione del Fondo famiglia-lavoro, annunciato la notte del Natale 2008. L'iniziativa è stata generosamente accolta da molti e portata avanti con impegno singolare da parte di Caritas e Acli presenti in ciascuno dei 74 decanati della Diocesi, con l'opera di oltre quattrocento operatori volontari. Grazie a questo sforzo corale, quasi duemila famiglie sono state aiutate già nei primi mesi della sua istituzione. Tuttavia continuo a domandarmi: è sufficiente tutto questo? E rispondo: no, non può bastare. Anzitutto, perché quest'opera non può essere occasionale, bensì deve divenire modello per una contribuzione solidale e continuativa a favore dei più deboli. Secondariamente, perché il Fondo è stato istituito fin da subito per educare alla *sobrietà* che, riconducendo i consumi di chi è più avvantaggiato nella logica di una "giusta misura", consenta di liberare risorse, non solo economiche, per aiutare chi è in difficoltà.

Mi chiedo ancora: quali possibilità, quali opportunità di vera fraternità, di autentica solidarietà si stanno schiudendo davanti a noi, si rendono praticabili oggi per noi che abitiamo questo territorio? Quali occasioni abbiamo già a disposizione per favorire la soluzione di quei problemi dello sviluppo che continuiamo a non cogliere?

Ho trovato la risposta nella *Caritas in veritate* al paragrafo 51: "È necessario un effettivo cambiamento di mentalità che ci induca ad adottare *nuovi stili di vita*, 'nei quali la ricerca del vero, del bello e del buono e la comunione con gli altri uomini per una crescita comune siano gli elementi che determinano le scelte dei consumi, dei risparmi e degli investimenti' (*Centesimus annus*, 36)". È nel saper adottare *nuovi stili* per la nostra vita che si situa, in modo sorprendente, la possibilità di vivere meglio la mondialità, ovvero l'attenzione a tutti gli uomini già nella nostra Milano.

Le scelte relative alla cura e alla salvaguardia del creato (cfr. *CV*, 48-51), dalle forme del risparmio energetico alla riduzione di ogni consumo superfluo, dall'uso del tempo all'impiego del proprio denaro, sono modalità possibili per tutti, che assumono effetti straordinari se divengono scelta abituale (*stile di vita*, appunto) di molte persone!

Lo stesso vale in tema di sviluppo economico, che implica la ricerca di forme realmente innovative di organizzazione del lavoro, di impostazione dell'attività di impresa, del circuito produzione-distribuzione-consumo. Prima ancora di passare a soluzioni economiche cosiddette "profetiche", che non devono rimanere marginali bensì influenzare il più possibile il sistema, perché non ricercare nuove vie per l'economia convenzionale a beneficio di tutti?

f) Expo 2015: un'occasione di dialogo e di incontro

Milano si sta preparando a vivere l'Expo 2015: non può essere trascurata la straordinaria valenza di questo evento, che pone la città in un posto di rilievo sullo scenario internazionale. In particolare, vorrei riprenderne il tema di fondo: "Nutrire il pianeta, energia per la vita". Sulle questioni della sottoalimentazione e del rapporto tra fame e sviluppo, ho trovato diversi, ampi passi nella *Caritas in veritate* (cfr. 17, 21, 27).

Il riferimento che più mi ha colpito è al paragrafo 27: "In molti Paesi poveri permane e rischia di accentuarsi l'estrema insicurezza di vita, che è conseguenza della carenza di alimentazione: *la fame* miete ancora moltissime vittime tra i tanti Lazzaro ai quali non è consentito, come aveva auspicato Paolo VI, di sedersi alla mensa del ricco epulone (*Populorum progressio*, 47; *Sollicitudo rei socialis*, 42). *Dare da mangiare agli affamati* (cfr. Mt 25, 35.37.42) è un imperativo etico per la Chiesa universale, che risponde agli insegnamenti di solidarietà e di condivisione del suo Fondatore, il Signore Gesù. Inoltre, eliminare la fame nel mondo è divenuto, nell'era della globalizzazione, anche un traguardo da perseguire per salvaguardare la pace e la stabilità del pianeta. La fame non dipende tanto da scarsità materiale, quanto piuttosto da scarsità di risorse sociali, la più importante delle quali è di natura istituzionale. Manca, cioè, un assetto di Istituzioni economiche in grado sia di garantire un accesso al cibo e all'acqua regolare e adeguato dal punto di vista nutrizionale, sia di fronteggiare le necessità connesse con i bisogni primari e con le emergenze di vere e proprie crisi alimentari, provocate da cause naturali o dall'irresponsabilità politica nazionale e internazionale. [...] È necessario, pertanto, che maturi una coscienza solidale che consideri *l'alimentazione e l'accesso all'acqua come diritti universali di tutti gli esseri umani, senza distinzioni né discriminazioni*".

L'Expo può rappresentare, oltre a un momento eccezionale di serio confronto sulle prospettive dell'alimentazione a raggio mondiale, una straordinaria occasione di dialogo tra le rappresentanze dei diversi Paesi e culture e per la città al suo interno. E così per il suo territorio circostante, per l'Italia, per l'Europa. Un pretesto utile per riprogettare la città, ridefinirne gli obiettivi e giungere a ricollocarsi in un ruolo nuovo a servizio non soltanto di se stessa e dei propri abitanti.

È, questa, un'opportunità che mi pare attraversi trasversalmente i "temi maggiori" affrontati dall'Enciclica. Essa non è infatti riducibile al solo ambito legato ai nuovi sviluppi tecnologici, ma coinvolge da vicino ogni altro ambito: economico, politico, sociale, culturale, religioso... È occasione, soprattutto, per riscoprire una solidarietà sempre più alta, in base alla quale ciascuno è ricondotto a riconoscere il proprio debito (di sé e di quanto possiede) verso l'umanità tutta e, di conseguenza, quello verso lo sviluppo altrui.

Non è, infatti, certo nostro merito la condizione in cui viviamo a differenza di altri popoli: perché non riconoscerlo? Non sarebbero forse differenti tanti nostri pensieri, sentimenti, atteggiamenti e scelte concrete di vita se fossimo nati soltanto a qualche migliaio di chilometri da qui?

Fin qui i pensieri di un Vescovo.

Alle mie riflessioni seguono ora le voci di alcuni qualificati esperti.

Sono dei cristiani che a Milano vivono l'impegno nella società e nella Chiesa in diversi e decisivi ambiti: a loro ho chiesto di portare una personale testimonianza.

Anch'io – certo di trarne arricchimento – mi metto in ascolto della loro esperienza professionale e di vita, illuminata dalle riflessioni suscitate in essi dalla *Caritas in veritate*.

[illegible]

[illegible]

[illegible]

[illegible]

[illegible]

[illegible]

L'economia, la finanza e la crisi

Luigi Campiglio

Luigi Campiglio

Nato a Milano nel 1947, è prorettore dell'Università Cattolica del Sacro Cuore di Milano, professore ordinario di Politica Economica dal 1990, direttore della "Rivista Internazionale di Scienze Sociali" e componente di organismi di ricerca nazionali e internazionali. È stato direttore dell'Istituto di Politica Economica dell'Università Cattolica di Milano. Ha pubblicato numerosi articoli su riviste nazionali ed estere. Tra i suoi libri più recenti *Mercato, prezzi e politica economica* (Il Mulino, 1999) e *Tredici idee per ragionare di economia* (Il Mulino, 2002).

Le cause della crisi sistemica e la necessità di nuove regole

L'enciclica *Caritas in veritate* contiene la prima autorevole e sistematica riflessione sulle cause e i possibili rimedi della crisi che ha colpito l'economia mondiale nel corso degli ultimi due anni: la sua pubblicazione è stata anche un segno di buon auspicio perché ha coinciso con i primi segnali di stabilizzazione.

L'Enciclica richiama al "bisogno di un profondo rinnovamento culturale e della riscoperta dei valori di fondo su cui costruire un futuro migliore. La crisi ci obbliga a riprogettare il nostro cammino, a darci nuove regole e a trovare nuove forme di impegno, a puntare sulle esperienze positive e a rigettare quelle negative, diventando così *occasione di discernimento e di nuova progettualità*. In questa chiave, fiduciosa piuttosto che rassegnata, conviene affrontare le difficoltà del momento presente" (CV, 21). E in questa prospettiva la finanza svolge un ruolo centrale, perché "dopo il suo cattivo utilizzo che ha danneggiato l'economia reale, ritorni a essere uno *strumento finalizzato alla miglior produzione di ricchezza ed allo sviluppo*" (CV, 65).

La crisi finanziaria è stata, in effetti, l'origine prossima di quella economica in corso, manifestandosi, con sorpresa di molti, poco dopo che la Borsa americana aveva raggiunto il suo massimo storico, il 19 luglio 2007: ma il 9 agosto dello stesso anno una grande banca europea sospendeva le operazioni di tre fondi d'investimento a causa dell'improvviso collasso di liquidità nel sofisticato mercato della finanza strutturata, dando così ufficialmente inizio alla crisi. Nel giro di poche settimane il mercato di questi strumenti finanziari registrava un crollo di fiducia fra le istituzioni del ramo, di cui fu immediato termometro l'improvviso aumento dei tassi d'interesse interbancari: con il passare dei mesi l'erosione di fiducia si estese così anche al settore reale, e quindi alla domanda delle famiglie e alla produzione delle imprese.

Il clima si deteriorò in modo definitivo il 15 settembre 2008, diventando panico collettivo, con il fallimento della banca d'investimento Lehman Brothers: la ripercussione della crisi finanziaria sul settore reale fu immediata e pervasiva. Le decisioni di spesa delle famiglie diventarono molto più caute e le uscite rinviabili per i beni durevoli furono ritardate in attesa di tempi migliori, così come furono sospesi i progetti d'investimento delle imprese, sia a causa della crisi della domanda che per la sopraggiunta stretta creditizia. La mancanza di fiducia, senza la quale "*il mercato non può pienamente espletare la sua funzione economica*" (*CV*, 35), era diventata collettiva e i massicci interventi di politica fiscale da allora messi in campo, in particolare negli Stati Uniti, hanno avuto come obiettivo proprio quello di evitare un crollo del sistema, ricostruendo le basi per un clima di normalità, pur nella crisi dei rapporti economici. Nel settembre del 2009, due anni dopo, pare si sia toccato il fondo, ma perché si possa riavviare un processo di crescita, evitando gli errori del passato, è necessario introdurre nuove regole economiche, che scongiurino il ripetersi di una crisi così profonda.

Quella in corso ha caratteristiche comuni alle precedenti, ma è anche diversa in alcuni aspetti cruciali. Innanzitutto è la prima vera grande crisi globale, perché ha coinvolto proprio tutti i Paesi del mondo, anche se non con la medesima gravità. Il ruolo degli Stati nazionali, che molti davano come superati dalla globalizzazione, ha riconquistato un'importanza e un ruolo centrali: "Ragioni di saggezza e di prudenza suggeriscono di non proclamare troppo affrettatamente la fine dello Stato" (*CV*, 41). E in effetti la questione centrale oggi è quella di individuare un accordo fra i principali Stati in vista di un condiviso bene comune – la stabilità e lo sviluppo – e come è anzitutto auspicabile con un più rigoroso controllo dei paradisi fiscali. La crisi è diventata globale a causa dell'inatteso manifestarsi di un rischio sistemico generalizzato, la cui natura è ben definita in un documento ufficiale del G10 del 2001 come l'eventualità "che un evento possa innescare una perdita economica e una diminuzione della fiducia per una parte rilevante del sistema finanziario, aumentando il livello d'incertezza, e abbastanza grave da causare probabili e rilevanti conseguenze sull'economia reale". L'evento cui si fa riferimento ha la caratteristica di essere raro – come un terremoto o un'eruzione vulcanica – ma con conseguenze economicamente dirompenti: la cruciale differenza rispetto agli eventi naturali è che le crisi finanziarie sono spesso l'esito d'innovazioni dell'uomo sfuggite a ogni controllo.

In secondo luogo, le modifiche di comportamento di consumatori e imprese causate dalla crisi in corso potrebbero essere permanenti, perché la memoria delle loro conseguenze è destinata a durare a lungo. L'abitudine alla sobrietà potrebbe diventare per molti un comportamento acquisito – soprattutto per chi vive di pensione – così come la memoria dei timori trascorsi porterebbe a una maggiore propensione al risparmio: la semplicità diventerebbe così una condizione centrale delle future relazioni economiche e finanziarie, perché molti degli squilibri della crisi attuale hanno radice nella straordinaria complessità delle innovazioni, e dei conseguenti prodotti, introdotti nel corso di questi anni. Il cambiamento di comportamenti e aspettative, così come la diminuita fiducia nelle istituzioni finanziarie, porterebbero a mutamenti nelle strategie d'impresa e all'introduzione di nuove regole di mercato, ad esempio in direzione di una maggiore standardizzazione dei prodotti finanziari, oltre che a una qualche forma di omologazione o certificazione delle innovazioni a tutela dei risparmiatori, non diversamente da quanto già avviene per la gran parte dei beni e servizi, a tutela dei consumatori.

Un terzo elemento di riflessione è che la crisi in corso ha avuto non solo una, ma due cause centrali e concomitanti: da un lato l'aumento eccessivo dei prezzi nel settore immobiliare, cui si è affiancato un complesso meccanismo di finanziamento che ha portato alla creazione di un sistema bancario parallelo, privo di regolamentazione; dall'altro l'impetuosa crescita della domanda mondiale da parte dei Paesi asiatici emergenti, in particolare la Cina. La prima causa – lo sgonfiamento della "bolla immobiliare" – è sotto i riflettori dell'opinione pubblica mondiale e dei governi nazionali, ma è la seconda che è destinata a incidere in modo ancora più profondo sulla dinamica dello sviluppo mondiale, in particolare per ciò che riguarda le questioni legate all'energia, alla produzione alimentare e all'ambiente. La volatilità dei prezzi delle materie prime e delle produzioni alimentari è destinata a permanere elevata anche in futuro, salvo che non si concordi l'introduzione di nuove regole che contrastino gli eccessi speculativi. Anche in questa direzione l'Enciclica richiama alla mancanza di "un assetto di istituzioni economiche in grado sia di garantire un accesso al cibo e all'acqua e regolare e adeguato dal punto di vista nutrizionale, sia di fronteggiare le necessità connesse con i bisogni primari e con le emergenze di vere e proprie crisi alimentari" (*CV*, 27).

Per quanto riguarda la "bolla immobiliare", l'acquisto da parte di famiglie e imprese di abitazioni e immobili a uso commerciale a prezzi costantemente crescenti è stato agevolato e finanziato con nuovi "prodotti" finanziari, strutturati, che hanno generato enormi guadagni per le istituzioni del settore, in particolare le banche d'investimento, ma al prezzo di un'inadeguata valutazione dei rischi, quando non di un conflitto d'interessi. Nel momento in cui la prima ondata di mancati pagamenti ha rivelato quanto questi prestiti fossero in realtà rischiosi, ciò ha provocato una brusca e improvvisa reazione al ribasso dei prezzi degli immobili, e da allora la "bolla" ha iniziato a sgonfiarsi, innescando un moltiplicatore al ribasso, propagatosi a tutto il mondo.

Per la simultaneità di questi motivi, la crisi in corso non è solo più grande delle precedenti ma è una Grande Crisi, conseguenza di quella sistemica generalizzata, originata da un eccesso di fiducia nelle capacità di autoregolazione del sistema finanziario. Nuove regole, semplici ma realmente applicate, sono necessarie, così come una maggior consapevolezza del fatto che le crisi sistemiche non sono facilmente individuabili a livello d'impresa: è necessario che le grandi istituzioni si dotino di un piano contingente per le emergenze, con l'auspicio che non venga mai utilizzato, oltre che di un'agenzia di natura istituzionale, che in molti casi può coincidere con la Banca Centrale, ma che potrebbe anche avere la caratteristica di un'agenzia indipendente.

Il capitale umano e l'equità nella distribuzione del rischio

La Grande Crisi ha provocato vaste e negative conseguenze sulle economie di tutti i Paesi avanzati, in particolare quelli maggiormente dipendenti dalle esportazioni e quelli con una minore rete di protezione sociale. Poiché la crisi è globale e sistemica, tutti i Paesi nel mondo sono coinvolti, ma non nella stessa misura, e con tempi di uscita differenziati e molto legati alla qualità delle Istituzioni di cui ognuno di essi si è dotato per assorbirne lo shock e lasciare una porta aperta a fiducia e speranza nel futuro.

In particolare si sono verificati i seguenti fenomeni: una generalizzata riduzione della domanda e degli scambi internazionali; una diminuzione della produzione; un aumento della disoccupazione e una riduzione dei redditi reali delle famiglie; un aumento del debito pubblico; una crescita del risparmio privato precauzionale e una riduzione dell'eccessivo debito privato; un aumento dei fallimenti e dei pignoramenti e una contrazione del credito alle imprese e alle famiglie. Se da un lato si registrano finalmente segni sparsi di una ripresa della fiducia e una stabilizzazione della situazione finanziaria, dall'altro non si deve trascurare che le conseguenze del collasso non si sono del tutto esaurite, mentre nel frattempo il deterioramento del tenore di vita delle famiglie non ha ancora toccato il fondo.

In Italia le regioni più industrializzate hanno registrato un improvviso aggravarsi della situazione occupazionale, in particolare nelle imprese dei settori legati all'esportazione e alle costruzioni, dove è numerosa la presenza di immigrati. L'ingresso dei giovani nel mercato del lavoro è diventato più lungo e difficile e all'allungarsi della durata della crisi aumenta il rischio di una generazione maggiormente esposta all'incertezza e alla precarietà. Contemporaneamente è aumentato il numero di lavoratori qualificati di media età senza lavoro, non più abbastanza giovani da rappresentare un vantaggio economico per le imprese, ma nemmeno così maturi da poter guardare a una vicina pensione. È necessario un cambiamento di cultura nelle nostre imprese: per l'Italia la qualità del capitale umano è la risorsa primaria ed è quindi cruciale che vengano attivate politiche in grado di non disperderne il valore.

In un contesto così difficile la Lombardia ha sperimentato, con successo, una forma nuova di solidarietà da parte di istituzioni religiose, economiche e di singoli cittadini nei confronti dei disoccupati: il risultato deve far riflettere, perché la libera e anonima manifestazione di solidarietà da parte dei concittadini che possono disporre di un reddito stabile ha superato ogni più ottimistica previsione. Questa iniziativa dimostra, oltre alla fiducia nei promotori, la cruciale importanza di meccanismi di "assicurazione sociale" a livello locale, mirati e vicini ai bisogni reali delle famiglie, da affiancare alle misure tradizionali a livello statale, come risposta a una crisi sistemica come quella in corso. Ma ancora di più questo progetto dimostra l'importanza d'interventi intenzionalmente diretti a risolvere uno specifico problema sociale, considerando il mercato come uno strumento fallibile, pur se centrale, ma non un valore in sé.

A questo riguardo è cruciale osservare come la Francia rappresenti un'eccezione positiva: è il Paese europeo che finora ha meglio assorbito le conseguenze della crisi internazionale. Ciò è da attribuire all'effetto congiunto di una maggior tenuta e dinamicità della domanda interna da parte delle famiglie, congiuntamente a un sistema di protezione sociale più attento ai bisogni delle famiglie economicamente in difficoltà. Quest'ultimo si rivela perciò un elemento centrale per una politica economica in grado di assorbire la difficile prevedibilità dei rischi sistemici, quando si manifestano.

Il ruolo del sistema finanziario, in Italia come in Europa, è centrale nell'impedire che si produca un circolo vizioso che, partendo da una riduzione del credito nei confronti delle imprese, ne indebolisca la posizione economica, aumentando così il loro rischio d'insolvenza e il valore dei prestiti concessi, accentuando così ulteriormente la cautela nell'accordarne di aggiuntivi. È questa una situazione in cui il totale è diverso dalla somma delle parti, nel senso che ciò che è razionale per il singolo istituto di credito può diventare inefficiente per il sistema nel suo complesso, inclusa la banca prudente. La questione centrale è che, come questa crisi dimostra, la responsabilità sociale è parte costitutiva del sistema bancario, nel senso che il fallimento di una grande banca ha conseguenze sociali molto più profonde di quelle di un'analoga grande impresa industriale. Ciò comporta un'inevitabile assunzione di responsabilità sociale del sistema bancario nei confronti delle imprese e delle famiglie. La modalità con cui l'esigenza di una responsabilità sociale si può coniugare con quelle dell'efficienza non è questione di semplice soluzione, perché si tratta di trovare un equilibrio fra cooperazione e concorrenza: ma è altrettanto chiaro che da ciò dipende il futuro dell'economia del Paese.

Il problema centrale è quello di individuare un ragionevole equilibrio fra la banca e l'impresa o la famiglia nella distribuzione del rischio connesso a un prestito: l'Enciclica cita esplicitamente "*l'esperienza della microfinanza*" (*CV*, 65) , ma anche altre forme possono essere favorite, come il rafforzamento dei meccanismi di fidi consorziati e lo sviluppo della mutualità. A ciò si deve aggiungere come alla comunità finanziaria internazionale non sia passato inosservato il fatto che la finanza islamica abbia attraversato senza danni l'attuale crisi, proprio grazie al fatto che, essendo proibito il puro prestito a interesse, sono invece favorite tutte quelle transazioni che consentono di realizzare un profitto da distribuire equamente fra chi fornisce e chi riceve denaro. L'efficienza e la stabilità finanziaria derivano dal fatto che questa modalità di distribuzione dei rischi e dei profitti implica una particolare accuratezza d'informazione e trasparenza sui contraenti e sulle modalità del prestito. Una finanza etica che fosse davvero ispirata a principi cristiani potrebbe ottenere risultati almeno altrettanto incoraggianti, ma ciò appartiene ancora, per il momento, alla sfera di un nuovo e più equo disegno dei mercati, nel cui ambito la "sapienza etica" (*CV*, 59) della cristianità potrebbe ben diventare una componente dell'agire razionale, oltre che un terreno d'incontro fra diverse culture. In particolare se si giungesse "a concepire il profitto come uno strumento per raggiungere finalità di umanizzazione del mercato e della società" (*CV*, 46).

La questione centrale della ripartizione del rischio non può tuttavia essere limitata agli azionisti o ai creditori, che impegnano il loro capitale finanziario, ma anche ai lavoratori che investono quello umano: il reddito di questi ultimi, cioè il rendimento del loro capitale umano, può, infatti, subire una diminuzione per l'assunzione di rischi non scelti ma subiti, come conseguenza delle decisioni, e degli errori, del *management*. L'analogia fra capitale umano e capitale finanziario regge solo per i livelli dirigenziali più alti, in particolare per ciò che riguarda il legame fra un reddito elevato e la sua maggiore incertezza e volatilità. Ciò misura il premio di rischio associato alla professionalità. L'anomalia sta nel fatto che questa relazione vale anche, e in misura di regola maggiore, per i redditi bassi, anche quando a essi corrisponda un elevato potenziale di capitale umano, come nel caso dei giovani o dei lavoratori qualificati di età superiore alla media. Quando a bassi redditi – meno di 1000 euro al mese – si associa anche una più significativa incertezza futura, allora il premio di rischio può diventare zero o negativo, al contrario della normale logica economica.

La questione di una giusta remunerazione del lavoro è diventata davvero importante, sia sul piano dell'equità sia dell'efficienza. Negli Stati Uniti, nel corso del periodo 2001-2007 – gli anni che hanno accompagnato la crescita della "bolla immobiliare" oltre che uno straordinario aumento della produttività del lavoro – la remunerazione mediana delle famiglie è rimasta sostanzialmente invariata, e chi ha maggiormente beneficiato della fase espansiva sono stati i nuclei parentali della fascia di reddito più elevata e i manager di livello più alto. Nel 2007, all'1 per cento delle famiglie con il reddito più elevato è andata una quota del 24 per cento del reddito, toccando un picco analogo a quello che ha preceduto la Grande Depressione. La questione della distribuzione del reddito è cruciale, oltre che per ragioni di giustizia distributiva, anche come condizione per una ripresa stabile, perché una distribuzione più equilibrata, in particolare a favore dei redditi da lavoro, favorisce un aumento altrettanto stabile della domanda.

Nel caso dell'Italia, e a maggior motivo nelle regioni maggiormente avanzate in ambito economico come la Lombardia, la dinamica della produttività è stata meno brillante, ma la concentrazione dei redditi sui livelli più elevati ha registrato una dinamica analoga, ma di misura inferiore. Anche per l'Italia quindi si pone un problema di robustezza della crescita economica fuori dalla crisi, legata a una più equilibrata distribuzione del reddito, in particolare quello da lavoro, per sostenere un aumento stabile della domanda interna.

Il profondo cambiamento in corso nel mondo delle imprese a livello mondiale deve trovare risposte nuove sul piano dei valori etici e dell'onestà dei comportamenti, soprattutto nei momenti difficili, oltre che di una crescente responsabilità sociale del *management*, coinvolgendo sempre più i lavoratori e le loro capacità in progetti di sviluppo che abbiano un orizzonte temporale lungo, almeno di qualche anno.

Un patto per il lavoro, fra lavoratori e imprese, non è una formula vaga, ma un progetto centrale che richiede di essere articolato in uno sforzo coordinato e responsabile, che individui l'equilibrio migliore fra la domanda delle comunità locali e la spinta all'innovazione che proviene dalla globalizzazione.

Economia ed etica

Giuseppe Guzzetti

Giuseppe Guzzetti
Nato a Turate (Como) nel 1934, dal 1997 è il presidente della Fondazione Cariplo. Dal 2000 è anche presidente dell'Acri, l'associazione che riunisce le 88 fondazioni italiane di origine bancaria. È stato anche Presidente della Giunta Regionale della Lombardia dal 1979 al 1987 e Senatore della Repubblica dal 1987 al 1994.

Pensiamo che il concetto di economia abbia a che fare soprattutto con l'ambito finanziario. Non è così. C'è un uso comune e sempre meno frequente di questo termine legato all'espressione "fare economia".

"Fare economia" è un concetto importante, ma purtroppo messo da parte, con tutte le conseguenze che ne derivano e che sono sotto i nostri occhi. "Fare economia" rimanda a una filosofia di vita a cui tutti dovrebbero ispirarsi, perché presuppone la capacità di discernere ciò che ha valore da ciò che ne ha meno, o non ne ha alcuno, e dunque di porci ogni volta di fronte a decisioni che ci costringono a interrogarci. Il modo in cui viviamo oggi non favorisce un consumo critico e dunque non ci porta a stabilire le scale di valori che un tempo i nostri padri avevano ben chiare: la casa, un'auto – se si poteva e se era necessaria –, una vacanza...

L'Enciclica di papa Benedetto XVI ci obbliga a porci delle domande. Il problema è fornire le risposte. "Fare economia" non significa solo risparmiare, ma semmai utilizzare al meglio le risorse di cui disponiamo, come singoli, come famiglia, come comunità, come Stato. A volte non vuol dire spendere meno, ma spendere bene e far fruttare ciò che si ha. Un approccio che abbiamo perso: comprando un abito non si guarda più alle cuciture, alla bontà del tessuto, alla fodera interna; il più delle volte l'etichetta è il primo aspetto a cui ci interessiamo, poi prestiamo attenzione ai colori, al taglio alla moda. Se da ultimo riconosciamo anche la qualità, tanto meglio, altrimenti ne facciamo a meno, perché la velocità con cui consumeremo quel capo d'abbigliamento non ci consentirà di metterlo alla prova.

È economico un atteggiamento del genere? Razionalmente no. Ma oggi, o almeno fino a oggi, c'è stato qualcosa, o qualcuno, che ci ha spinti a ragionare in modo non logico e a spendere sull'onda di uno slancio emotivo piuttosto che su basi economiche. Certamente è consumistico e i consumi alimentano il benessere di un Paese. O almeno così abbiamo creduto. La crisi – ma sarebbe meglio dire *le* crisi, perché quella finanziaria mondiale ha provocato a cascata quelle di tante persone, famiglie, aziende – è stata uno shock che ci ha costretti a fare un passo indietro e a restituire al nostro vocabolario personale una parola che il cardinale Tettamanzi ha riproposto con forza: "sobrietà".

L'esempio dell'abito è volutamente semplice. Perché l'economia, concetto che ci appare lontano – tanto da dover essere relegato in apposite pagine di giornali, o addirittura interpretato da persone che hanno fatto studi specifici –, è soprattutto un *modus vivendi*, che si apprende da giovani e che, una volta interiorizzato, rimane un fondamento nell'esistenza dell'uomo, da tenere presente in ogni situazione, anche complessa.

Solo utilizzando questo approccio può esserci sviluppo del capitale umano, e dunque della persona in sé, di una piccola, ma fondamentale, comunità (o meglio unità), come la famiglia; questo potente concetto è in grado di dilatarsi fino a comprendere anche la collettività, e l'intero Paese. A ogni atto economico compiuto, piccolo o grande, possiamo aggiungere un supplemento d'anima con un gesto che può avere un fondamento di eticità. Nel compiere quel gesto, una buona, semplice, regola è domandarsi sempre: «È giusto?». È giusto acquistare quell'abito, quell'auto, quel telefonino? È economico? È più opportuno porsi diverse volte il quesito, prima di agire.

L'enciclica di Benedetto XVI *Caritas in veritate* ci porta fin qui e ci interroga, ci conduce al concetto di giustizia. Diamo le responsabilità al sistema, al mondo della pubblicità, ai media, alle aziende che ci spingono verso consumi non "economici". Rendendoci apparentemente più felici.

Più su, ma poco distante, lungo questa simbolica scala, c'è un gradino che sale al livello finanziario, dove il concetto (qui sì) comincia a diventare più tecnico, e presuppone una capacità critica nel fare investimenti, cioè nell'impiegare risorse che decidiamo di mettere a frutto, acquistando e vendendo titoli o beni immobili in grado di offrire rendimenti. Il principio è sempre lo stesso: porsi domande e darsi risposte sincere. Possibile che un investimento sia in grado di dare frutti con percentuali esorbitanti in poco tempo? Sembra senza logica, eppure molti non hanno esitato a compiere questo azzardo. Molti. Ed ecco la crisi finanziaria più grave degli ultimi cento anni, che, con la forza d'urto centuplicata dalla globalizzazione, dai moderni sistemi di comunicazione, dall'era di internet che ha permesso transazioni in ogni parte del mondo, ha provocato danni spaventosi all'economia reale planetaria, e quindi ai singoli individui, alle famiglie, alle comunità, agli Stati.

Affiancare il concetto di economia a quello di etica sembra difficile, oggi. Difficile, ma non impossibile. Infatti, se associassimo le due nozioni alla luce della "scelta dell'abito buono" non avremmo difficoltà alcuna. L'etica tuttavia è un valore riproposto in contesti diversi, sulla base di retroterra culturali differenti. In qualche caso sembra che ciascuno abbia la propria personalissima etica. E dunque a quella domanda, breve, semplice, ma al tempo stesso potentissima e difficilissima («È giusto?»), spesso offriamo risposte differenti, in base all'utilità che possiamo trarne.

La risposta, quando riguarda l'uomo, non può essere diversa. Deve convergere. L'Enciclica del Papa lo afferma, ed è oltretutto permeata da un valore che prescinde dall'essere cristiani, il valore della solidarietà, senza il quale qui, o in un'altra parte del mondo, non può esservi sviluppo. Perché lo sviluppo in chiave egoistica porta inevitabilmente al fallimento del sistema. Allora non resta che una via d'uscita: ancorarsi al concetto di giustizia, che coincide con quello di verità. E di conseguenza la domanda «È giusto?» può anche essere posta in questi termini: conosco le conseguenze di ciò che sto facendo, per me e per gli altri?

La conoscenza. Altro valore dimenticato. Il Papa, nel suo *Messaggio* al Meeting per l'amicizia fra i popoli del 2009, ha ribadito il valore della "conoscenza affettiva". Non può esistere neutralità nella conoscenza. Conoscere una persona significa condividere momenti ed esperienze. E dunque significa preoccuparsi delle conseguenze che ogni nostro comportamento può provocare nei suoi confronti.

Tutto ciò può sembrare solo un bell'esercizio intellettuale, finché non ci imbattiamo nel dramma che tocca noi o qualcuno vicino a noi; ecco dunque entrare in gioco la conoscenza affettiva, nell'ambito interpersonale e sociale.

Il mondo economico è fatto da persone, che lavorano in imprese, organizzazioni, banche. Anche in un'impresa profit lo sviluppo è legato alle motivazioni. Ma coraggio e fiducia non sono valori che nascono da un semplice meccanismo orientato all'utilità: un'azienda deve saper fare profitto; per ottenerlo, deve essere efficiente non solo nei processi e nell'organizzazione, ma nel proprio ancoraggio ai valori. Si dice che deve guardare all'efficienza economica. Ma oggi quel concetto appare interpretabile in modo diverso. Un'impresa, in virtù della nuova nozione di economia, deve saper garantire sviluppo per sé, per le persone che vi lavorano e per il territorio, dunque per il contesto ampio che le sta attorno. Anche una banca deve saper fare questo. Siamo di fronte a un nuovo panorama culturale. Non abbiamo ricette, ma non dobbiamo spaventarci, facendo invece leva su valori come verità, giustizia e solidarietà.

La verità, infatti, è *lógos* che crea *diá-logos*: comunicazione, quindi, e condivisione di qualcosa di buono. Cos'ha di buono la nostra vita (l'impresa, il progetto...) da essere condiviso? Quanto di virtuoso c'è in essa per far sì che il bene si diffonda? Non esistono solo le frasi a effetto come "fare squadra", non basta produrre bene, ma occorre perseguire il bene. Esempio emblematico di questo atteggiamento è s. Tommaso Moro, che, pur non volendo fare il martire, finì col sacrificare la vita per non violare i limiti dettati dalla propria coscienza.

Quanti di noi sarebbero disposti ad arrivare a tanto, con piena consapevole lucidità?

Si può essere uomini virtuosi e fare di questa terra un preambolo del cielo. E anche chi non crede in Dio ha il dovere di ancorarsi al valore laico del futuro. La speranza dunque non muore, ma, legata com'è a qualcosa di grandioso, deve trovare concretezza nella dimensione politica, economica, aziendale e manageriale.

Bando al compromesso, alla soggettività elevata a criterio ultimo dell'agire, alla dignità mercificata, al tornaconto personale. Ce n'è abbastanza per trovarsi depauperati. Lo scopo di un documento come la *Caritas in veritate* è proprio mettere in evidenza quello che può essere rettificato a vantaggio di sé e degli altri.

Allora, dove trovare la soluzione? La vita dell'uomo comune, di chi lavora, rischia infatti di essere sprecata, irretita dall'inganno di false certezze che sciupano la bellezza della coscienza di sé.

Non è facile, perché già dal titolo il Papa ci parla di

"carità", parola non usuale nell'ambiente del lavoro e dell'economia.

Non abbiamo una soluzione. Abbiamo i principi e i valori. Viviamo però questo periodo come un'eccezionale opportunità per sperimentare nuove linee d'azione e per rivalutare metodi accantonati perché ritenuti obsoleti.

L'economia deve puntare allo sviluppo. Di fronte al fallimento del sistema ci si è resi conto del grande ruolo assunto dai corpi intermedi della società, dal Terzo Settore, da quelle organizzazioni che non ottenevano il giusto riconoscimento perché non riuscivano a tradurre il loro valore in termini di efficienza e di performance. Nei momenti di difficoltà questo valore è emerso, incardinato in un concetto che, qualche tempo fa, appariva anch'esso di difficile comprensione: quello di sussidiarietà, che significa intervento puntuale nel sopperire alle mancanze del pubblico e del privato.

Il terzo pilastro già reggeva il peso di un intervento pubblico sempre più asfittico e caratterizzato dalla mancanza di risorse. La crisi ha fatto vacillare anche il secondo pilastro, il settore privato, messo in ginocchio dagli effetti della recessione. In gioco c'è la coesione sociale: in Lombardia, da sempre locomotiva trainante dell'economia del Paese, la povertà e il degrado fisico e culturale si toccano con mano; le periferie delle città sono sempre più distanti dal centro, abbandonate alla propria sorte, con una forbice che va dilatandosi. Chi deve tenere insieme questo tessuto che si sta progressivamente sfilacciando?

Le fondazioni di origine bancaria – in Lombardia, la Fondazione Cariplo – hanno dimostrato di svolgere il compito loro affidato con coerenza. Lo hanno fatto accettando di sostenere il sistema delle banche in difficoltà, per salvaguardare un elemento di stabilità che nessun altro Paese può vantare e giocando così il ruolo di operatore economico con ragionata fiducia nel futuro; continuano a farlo, supportando il Terzo Settore e le organizzazioni di volontariato, avendo messo a disposizione durante l'*annus horribilis* molte più risorse che in passato.

Come è riuscito il Terzo Settore a interpretare questo ruolo? Raccogliendo i risultati di una politica oculata nella gestione – adottata negli anni passati – che aveva ben assimilato il concetto del "fare economia" e del "fare finanza"; ponendosi sempre la domanda su quando, quanto e come spendere; accantonando risorse che sono servite a non aggiungere, lo scorso anno, crisi a crisi.

Eppure questo non basta, non può più bastare. Il terzo pilastro ha dimostrato di essere importante, ma il primo – lo Stato – non può pensare di venire meno ai propri impegni e il secondo – il privato, le imprese, le banche – ha compreso, purtroppo lasciando numerose vittime sul campo, quanto sia effimero un sistema economico basato sul semplice profitto, privo di visioni a lungo termine e affannato nella rincorsa di risultati nel breve. Tutto questo non paga. Le nozioni di "responsabilità sociale di impresa" e di "etica" vengono utilizzate in molti contesti, ma hanno una sola radice: la responsabilità verso l'uomo, gli uomini, il territorio e l'ambiente in cui viviamo. Non solo verso quello circostante, si badi bene, ma verso tutto il mondo. Abbandonare i Paesi in via di sviluppo al loro destino porta a pagare prima o poi un prezzo molto alto: in termini economici, ma soprattutto sociali. Ce ne siamo resi conto. La catena che unisce l'uomo all'economia non si può spezzare. La conseguenza sarebbe un sistema fuori controllo. A unire i due anelli deve essere l'etica, che ha avuto tuttavia un impatto debole.

Confido che le esperienze, anche le peggiori, come quella che abbiamo vissuto, siano l'elemento in grado di creare una saldatura indistruttibile. Confido nei giovani, che hanno visto passare questo uragano e hanno compreso come, dopo essere sopravvissuti, valga la pena ricostruire non le case, per fortuna rimaste in piedi, ma una mentalità nuova per le generazioni future.

Diritto delle genti e governo dell'economia

Giuseppe Anzani

Giuseppe Anzani

Nato a Mariano Comense (Como) nel 1946, è magistrato della Corte Suprema di Cassazione. Studioso di problemi giuridici relativi ai diritti umani, allo sviluppo e alle relazioni fra i popoli, già componente della Commissione Giustizia e Pace, ha presieduto per molti anni la Sezione del Lavoro del Tribunale di Como. È editorialista di "Avvenire" e di "Famiglia Cristiana".

Un sogno, forse una promessa

Si può governare l'economia del mondo? Si può darle regola di legge uniforme e condivisa, secondo diritto e giustizia? C'è nella parola "economia" la radice stessa del termine "legge" divenuta suffisso (*oiko-nómos*), inglobata, incorporata; e a lungo qualcuno ha pensato che l'ordinamento economico dovesse disegnarsi da sé prima di quello giuridico. Ma se l'economia è una condotta di uomini e di comunità verso altri uomini e altre comunità, necessariamente si proietta nella sfera giuridica: è vicenda umana relazionale che esige giustizia, e dunque regole di giustizia. Non ci si accontenta di descrivere, c'è bisogno di orientare e di governare.

Il dibattito scientifico che nell'ultimo secolo si è acceso fino all'estenuazione, gettando nel crogiuolo il liberismo e il dirigismo, l'individualismo e il collettivismo, è debitore – nei suoi segmenti estremi – di opposte visioni e di differenti premesse sui fini: la rincorsa al massimo soddisfacimento dei bisogni dei singoli individui (il "massimo di ofelimità", nel gergo di Vilfredo Pareto), o l'attuazione delle finalità di un "tutt'intero sociale" che sormonta i singoli. Una concezione più moderna e feconda è quella ispirata al principio personalistico, che assegna il primato di valore all'uomo in quanto persona (l'economia "al servizio dell'uomo", e dunque di ogni uomo) e finalizza l'agire umano al bene comune: ne fa un traguardo di sviluppo personale e di progresso della famiglia umana.

Così, come esiste una "politica del diritto", che disegna le regole di civile convivenza fra i membri della comunità sociale, esiste una "politica dell'economia" che si propone di darle ordine, indirizzo e risultato. E deve esistere un "governo dell'economia" che traduca quei propositi in realtà, con l'autorità che possiede, con la forza delle Istituzioni.

Leggo l'enciclica *Caritas in veritate* e le parole del titolo fanno già da sole dentro di me un groviglio di pensieri, come un doppio lampo sopra le mie rudimentali premesse. Da dove vengono parole così? *Caritas* è letteralmente l'amore. In tutte le leggi che ho letto, l'amore non è scritto; e non c'è neppure sui trattati di economia. Cosa vuol dire dunque? E poi, la verità. Ci stavamo abituando a non chiederci più nemmeno «Cos'è la verità?» nei nostri dialoghi dubbiosi, garbatamente accordandoci sull'equivalenza di tutte le opinioni (e così nessuna reputando vera davvero) o tenendoci compagnia dentro la "verità prevalente" consacrata dai sondaggi. E invece la verità è la frontiera dove s'investe la conoscenza e la vita.

Caritas in veritate può essere una rivoluzione, dentro la vita. Più ci penso, più trovo che sia un'endiadi, un abbraccio concettuale-esistenziale: pensiero e azione, conoscenza e vita. La verità fa luce all'esercizio operoso della carità che dà frutto e senso e bellezza alla vita.

Ma non dirò di questo grande affresco teologico, filosofico, umanistico. Cercherò solo i riflessi che da quelle parole cadono come gocce di sapienza evangelica dentro le arsure tremende del mondo sulla frontiera dello sviluppo, sul diritto e la politica economica, sulla governabilità dell'economia globalizzata.

Molti errori passati hanno trasformato i sogni in delusione, le promesse in sconfitte. Oggi, negli orizzonti dilatati su scala planetaria, è possibile realizzare una nuova economia guidata da regole giuridiche rispettose della giustizia e della dignità dell'uomo? È possibile attuare una *governance* mondiale dell'economia che realizzi i traguardi voluti?

Economia e giustizia: la via del diritto

La giustizia non figura nel titolo dell'Enciclica. Eppure sta inclusa, in modo inseparabile, nella voce "*caritas*". La giustizia infatti "è la prima via della carità" (CV, 6). E poiché dove sorge una comunità umana ivi nasce il diritto (*ubi societas ibi jus*) proprio come elaborazione di un "sistema di giustizia" (CV, 6), al diritto compete d'essere cemento di costruzione nella città dell'uomo.

Anche per il diritto esiste un problema di verità. Si può credere che la relazione umana sia un rapporto fra lupi. Oppure un disegno che li chiama fratelli. Si possono dettare regole in cui la paura e l'ostilità presidiano le sicurezze, e regole in cui la solidarietà anticipa i bisogni e la gratuità prevale sul tornaconto. Non tutto quanto si è scritto sulle tavole e si scrive sulle gazzette è equivalente o indifferente. Anche la riflessione giuridica, l'intuizione di un ordinamento che può essere conosciuto e trascritto come mappa dei sentieri che conducono allo sviluppo in pienezza dell'uomo e della società, ha bisogno della verità.

Il diritto, poi, è la misura minima della giustizia, nell'orizzonte più grande dell'etica. Un'economia sbrigliata rispetto al diritto considerato come pastoia, bastevole a farsi legge a se stessa, produce necessariamente ingiustizia. E peggior sventura accade quando è vogliosa di farsi padrona del diritto, contaminando le leggi mediante il potere degli uomini.

Una comune radice allaccia *ab antiquo*, nell'esperienza storica dell'uomo, l'economia e il diritto, ed è la regola "negoziale". Il fatto economico più comune (lo scambio) è già una relazione giuridizzata (contratto), che unisce libertà e regola. Su queste piste nasce lo *jus gentium*. Di più, "*commercium*" è parola che vuol dire, nella sua accezione più larga, relazione, relazione umana. E c'è persino, nella storia del diritto nativo legato all'economia nativa, la stupenda suggestione giuridica del *pactum*. "*Pactum*" viene da "*pacisci*", che significa letteralmente "fare la pace".

È vero che nello scambio c'è fra i partner l'antagonismo naturale degli interessi contrapposti e il rischio della sopraffazione. Ma il diritto delle genti lo vieta, e sottomette ogni rapporto economico alla suprema regola della "*bona fides*". La correttezza doverosa è il criterio che domina l'intero campo dei rapporti di obbligazione.

Il bisogno di onestà delle relazioni economiche sottomesse al diritto è l'invariata esigenza che attraversa la storia, fino a noi. Lascio al lettore lo *scholion* infinito della vicenda intermedia, fra gli approdi della speranza e le ricorrenti disperazioni.

Mi riscuote sul leit-motiv ciò che sento affermare oggi nelle *Dichiarazioni del* G8 *dell'Aquila* (2009): "Un'economia forte, giusta e sana deve poggiare sui valori della probità, dell'integrità e della trasparenza" (art. 1). Sembra la ripresa di un sogno. Quando sarà invece il risveglio? Il sogno è praticabile se ciò che è definito doveroso, e ancora spontaneamente non c'è, viene presidiato con norme di veglia, di diritto positivo.

Emerge così il *Global Legal Standard*, il nucleo delle regole uniformi valide per tutti gli Stati in materia di economia e finanza affinché le iniziative economiche transfrontaliere non possano più cercare un'impunità extraterritoriale. E resta inteso, si precisa, che l'uniformità non diverrà pretesto per livellare verso il basso le norme sulla tutela del lavoro, sul trattamento sociale, sull'ambiente.

Leggiamo ancora in questi propositi la condanna dell'evasione e dell'elusione fiscale, il vincolo di trasparenza ed equilibrio nei rapporti fra il potere pubblico e le imprese private, la responsabilità e il monitoraggio della gestione delle imprese commerciali, e poi la repressione del riciclaggio, della corruzione, della frode. Infine vi si afferma il vincolo che la corruzione costituirà in tutti gli ordinamenti giuridici un reato penale, colpito con efficacia. Virtuosi orizzonti.

L'impegno è naturalmente *de jure condendo*; gli Stati partecipanti adegueranno in seguito al *Global Legal Standard* le rispettive leggi interne. Il mondo trepida, e nel frattempo l'intesa è solo una speranza. Inoltre il risultato non riposerà sulla legge fatta: occorrerà anche il miracolo della legge osservata, se alla virtù dei governi si affiancherà l'onestà dei cittadini (da noi la lezione di Tangentopoli ancora brucia nella memoria e non sembra essere stata appresa nel costume).

L'approccio a un diritto uniforme dell'economia, emerso fra Paesi distanti che si somigliano in grazia della loro ricchezza, può rivelarsi anche più fecondo nei processi di integrazione comunitaria di popoli vicini che hanno comuni radici. È la storia (piena di speranza) dell'Europa, iniziata come Mercato Comune ed evolutasi fino al Trattato di Lisbona.

E può essere anche la speranza di progresso degli Stati africani: si pensi all'Unione Africana (OUA, 2000), alla Comunità Economica degli Stati dell'Africa Occidentale (ECOWAS, 1975), alla Comunità dell'Africa Orientale (EAC, 2000), alla Comunità di Sviluppo dell'Africa Meridionale (SADC, 1970) e alla Comunità Economica degli Stati dell'Africa Centrale (ECCAS, 1983). Ragioni di nascita vicine al diritto doganale e mercantile; ma anche speranze di evoluzione verso un spazio giuridico comune. E pure il Sud America annovera Unioni di popoli, la cui formula più moderna e recente è l'Unione delle Nazioni Sudamericane (UNASUD, 2008).

Ognuna di queste finestre aperte sul mondo che "cerca di darsi la mano" si affaccia su panorami di speranza praticabile nel porre traguardi comuni: oggi di spazio economico, domani di spazio giuridico uniforme.

Dal macrocosmo del mondo al microcosmo di ogni villaggio umano dove in concreto ci chiama la vita, le regole attese nel mondo si anticipano con sapienziale invenzione nelle iniziative spontanee che nascono dalla società civile. È opportuno dire subito che spontaneità e libertà non stanno fuori dei confini del diritto positivo. Anzi. C'è nel principio di giustizia ordinata la vocazione umana al riconoscimento dei diritti e alla loro promozione diretta. La solidarietà non è un auspicio etico, è un dovere giuridico.

Interpreto così la normalità doverosa delle iniziative di commercio equo e solidale, la pedagogia economica delle *gestioni di acquisto* (che cosa scegliere, che cosa rifiutare, per ragioni di collegata giustizia e ingiustizia) e le pratiche di soccorso efficace alle famiglie in difficoltà, di cui è sotto gli occhi l'iniziativa della Diocesi ambrosiana nel tempo della crisi.

Una nuova 'governance' dell'economia

Se ci fosse ancora necessità di dimostrare il bisogno di una nuova *governance* dell'economia, diversa da quella passata, capace o almeno speranzosa di abbracciare l'orizzonte della globalità, niente ci ammaestrerebbe più duramente e drammaticamente della crisi mondiale che abbiamo attraversato, e dalla quale cerchiamo di sollevarci.

La crisi è uno shock che sconfessa la fede cieca nel mercato e nell'automatismo miracoloso della sua capacità di aggiustamento: priva di segni premonitori riconoscibili dentro le euforie delle speculazioni finanziarie e le loro spericolate avventure, germinata nel cuore stesso del gigante economico della terra, travasatasi col suo effetto domino nell'Europa e nel mondo come un contagio e propagatasi infine dalla speculazione finanziaria e dai suoi crolli all'"economia reale". La legge di mercato, lasciata fare, abbandonata a se stessa, può infatti produrre disastri. E il peso umano della sventura è una tragedia che strappa tutte le teorie.

Ne stiamo uscendo, sembra. Ma per imboccare la strada è stato necessario stanziare qualcosa come 14.800 miliardi di dollari (per dare una proporzione, rammento che per i Paesi poveri del mondo l'impegno del G8 dell'Aquila è stato di 20 miliardi in tre anni, una vergogna).

La crisi è una doppia lezione. Da un lato denuncia il difetto fondamentale di sincronia e di raccordo fra lo spazio economico (globalizzato), quello giuridico (pluriforme) e quello politico (frammentato). In sostanza, ci rivela che la politica può essere soccombente verso l'economia, e il diritto insufficiente a porre presidi preventivi. Dall'altro lato confessa il fallimento concreto della vecchia *governance*, e apre la riflessione – insieme col dubbio critico sulla stessa validità dell'ordinamento economico sin qui seguito senza opportune riforme – sul bisogno di cambiamenti essenziali, aventi misura coerente con la globalità e la mondialità dei temi economici.

Dice l'Enciclica che il bene comune e l'impegno per esso non possono non assumere le dimensioni dell'intera famiglia umana, vale a dire della comunità dei popoli e delle nazioni. Ma oggi ognuno vede la sproporzione fra i cambiamenti intervenuti e la capacità di governarli da parte delle strutture internazionali esistenti, occorrendo "pubblici poteri aventi ampiezza, strutture e mezzi delle stesse proporzioni" (Giovanni XXIII, *Pacem in terris*, 71).

È evidente la trepidazione che accompagna questo bisogno di mutamento. Esso dovrà scontare e rimontare gli squilibri di potere fra mondo economico e mondo politico. Quell'erosione di sovranità, nel senso antico, già prodotta dalla globalizzazione può anche mutarsi da perdita in guadagno, se l'esser costretti a farsene una ragione amara diventa ragione realistica di concerto politico e di coesione degli Stati e delle comunità di Stati e di popoli, e dunque un rafforzamento della sovranità condivisa. Non è la fine degli Stati, che si preannuncia, ma l'articolazione della Autorità in livelli coordinati e sovraordinati, fino ad abbracciare, insieme e in concordia, l'intera realtà del mondo.

Ma poi, il vero problema, la sfida, il mutamento copernicano, sarà quello progettuale. Non la crisi contingente, i dazi, i cambi, la moneta, la finanza, la speculazione, la recessione, l'inflazione. Non l'emergenza rincorsa e il tamponamento delle falle, ma il progetto di sviluppo umano, cioè la vittoria sulla fame e sulla povertà estrema, sulla mortalità infantile, sulle malattie endemiche, sull'Aids, e il traguardo dell'educazione primaria universale, della parità fra uomo e donna, della sostenibilità ambientale. Obiettivi peraltro già preconizzati nella *Dichiarazione del Millennio delle Nazioni Unite* (2000), adottata da 189 capi di Stato e di Governo con la promessa di raggiungerli entro il 2015.

Difficile traguardo, se la tabella di marcia è quella scandita alla stregua del passato, con il passo degli organismi sovranazionali esistenti.

Ne esistono da più di mezzo secolo, infatti: gli accordi di Bretton Woods a ridosso della tragedia mondiale della guerra (1944, 1945) – che hanno portato alla creazione del Fondo Monetario Internazionale (FMI) e della Banca Mondiale (WB) –, l'Organizzazione per l'alimentazione e l'agricoltura (FAO, 1945), l'Organizzazione internazionale del lavoro (OIL, 1946), l'Organizzazione per la Cooperazione e lo sviluppo economico (OCSE, 1948), l'Organizzazione mondiale per il commercio (WTO, 1995) e i numerosi Fondi e Programmi esistenti che sarebbe lungo citare.

Nessuno può negare la loro funzione storica, fra luci e ombre, utilità e critiche. Una visione di scorcio, sovrapposta ai persistenti drammi del mondo, ci avverte però che il sistema non ha liberato i Paesi in via di sviluppo dalla miseria, dallo strangolamento dei debiti, dalla discriminazione commerciale dei loro prodotti, dallo sfruttamento del basso costo del lavoro umano legato a carenze o debolezze normative – che ha solo riempito i forzieri delle imprese senza frontiere – dalle micidiali fluttuazioni dei metodi di cambio e di interesse.

Ci chiediamo allora "chi conta" nel mondo, chi pesa e secondo quale criterio, chi decide. Molti Paesi, che hanno scarsa influenza sul mercato internazionale, concentrano i bisogni più vivi e dolenti e necessitano del maggior sostegno per lo sviluppo. Una nuova Autorità deve essere in grado di dare più voce al coro che ai solisti. Il G8 stesso (il 12,8 per cento della popolazione mondiale e il 56 per cento della produzione) non ha più senso, se ignora le novità tumultuose che affacciano alla ribalta la Cina e l'India, il Brasile, il Messico, il Sud Africa. Si arriverebbe a un G14, aggiungendo l'Egitto. Allargando ulteriormente si avrebbe un G20. Resta comunque sempre il problema degli equilibri interni, e di una "mondialità" del modello economico, rispetto a quello occidentale esistente.

Ci vorrebbe un G200, un G-totale.

Dovrebbe essere l'ONU il grembo di un'Autorità Mondiale per il governo dell'economia che riscatti dai sogni falliti una fecondità rinverdita. L'Assemblea delle Nazioni Unite resta pur sempre il concerto del mondo. La sua riforma va auspicata, per i temi qui trattati, con un Consiglio di sicurezza dedicato al cibo, all'acqua e alla salute, un'Agenzia mondiale per le migrazioni, un'Agenzia per l'ambiente e un'Assemblea che dia voce anche a quella "società civile mondiale" (ONG, fondazioni, movimenti, volontariato transnazionale) oggi fattasi visibile.

Per il resto, l'Autorità di governo dell'economia globale, nell'attuale corso della storia, non sarà figura di un potere solitario a guisa di un Superstato. Avrà invece funzione sussidiaria. Favorirà il sorgere di organizzazioni sovranazionali localizzate, le coordinerà. Se si riesce a concepire che le esperienze umane di governo, anche territoriale in senso politico e locale (Stato, unione di Stati, mondo), non esprimono una gerarchia incatenata, ma un affiancamento, si può disegnare un sistema che è stato chiamato "poliarchico", che dal coraggio e dalla saggezza di temperare i nazionalismi può trarre il frutto della concordia nella libertà attraverso la collaborazione. D'altro lato, la sussidiarietà della *governance* deve essere intesa anche come promozione della crescita dei singoli popoli che li emancipi dalla soggezione favorendone la crescita e la maturazione come società civile ricca dei suoi corpi intermedi.

Fra realismo e speranza

Sappiamo che non è inventando istituzioni che si prenota un successo in modo automatico. Ma neppure si cammina se non si promette un traguardo, puntando sulla speranza. Il sottosviluppo non è una fatalità, è il frutto amaro della "mancanza di fraternità fra gli uomini e fra i popoli" (*Populorum progressio*, 66). A rimontare il guasto, dunque, che altro dev'essere cercato, come "anima" del diritto, della politica, della *governance*? La *Caritas in veritate* parla di vocazione, di responsabilità personale, di "economia del dono". Dice che la città dell'uomo non è promossa solo da rapporti di diritti e di doveri, ma ancora più da relazioni di gratuità, di misericordia e di comunione.

È questa infine l'immagine sapienziale del dialogo umano, momento germinale della relazione giuridica e di quella economica, incontro della vita con la vita. Dove si decide se l'altro è un estraneo da ignorare, uno straniero da temere, un concorrente da battere, un nemico da schiacciare, o un fratello da amare. Gli uomini nuovi della nuova *governance* devono rispondere a questa vocazione. Non c'è fame che cerchi sazietà se non nell'amore. Il dialogo dell'amore di per sé non è un pane, ma è di più, se è vero che non si vive di solo pane; il dialogo è "il pane del pane", è ciò che nutre la sollecitudine di nutrire. L'amore, nell'orizzonte dell'Enciclica, è l'impasto di un pane del cuore che genera la condivisione del pane del corpo. Lo sappiano gli economisti, lo sappiano gli uomini della legge: non giova una terra feconda abitata da cuori sterili.

La tecnica alla ricerca di un'anima

Franco Buzzi

Franco Buzzi
Nato a Lurate Caccivio (Como) nel 1948, è sacerdote della Diocesi di Milano dal 1972. Ha studiato a Milano, Roma e Monaco di Baviera, conseguendo la licenza in Teologia e il dottorato in Filosofia. Dopo avere insegnato Filosofia e tenuto corsi speciali di Teologia fondamentale a Milano (Facoltà Teologica dell'Italia Settentrionale) e a Roma (professore invitato alla Pontificia Università Gregoriana), nel 1992 è entrato nel Collegio dei Dottori della Biblioteca Ambrosiana e dal 2007 è prefetto della medesima. Ha dedicato i suoi studi all'idealismo tedesco, alle opere di Martin Lutero e al pensiero filosofico e teologico della Controriforma, specialmente alle dottrine politiche e giuridiche della Seconda scolastica.

Denigrazione ed esaltazione della tecnica

Non di sola tecnica vive l'uomo, ma anche di quella spiritualità che costituisce un alimento perenne per l'anima umana.

Oggi esistono due atteggiamenti opposti nei riguardi della tecnica. C'è chi la disprezza e l'accusa di tutte le nefandezze di cui si rende responsabile l'uomo ai giorni nostri e di quelle di cui si è macchiato nei millenni della sua lunga storia. Chi la pensa così si rifugia nel sogno irrealizzabile di una vita a continuo ed esclusivo contatto con la natura, come se fosse possibile vivere immersi in essa senza nessun intervento artificiale da parte dell'uomo. Un mondo del genere non esiste e, se esistesse, sarebbe semplicemente un mondo privo dell'uomo ovvero un mondo non umano. Infatti la nostra presenza nell'ambiente circostante significa di fatto uno scambio con la natura che non si riduce a una pura e semplice interazione di tipo fisico-chimico. È profondamente vero che siamo capaci di 'scambiare' con la natura anche in modo semplicemente naturale. Per esempio, respirazione e alimentazione sono una realizzazione semplice e costante di questo scambio naturale con essa. Non potrei però superare una fase acuta di seria difficoltà respiratoria privo dell'aiuto provvisorio di un dispositivo o di una macchina artificiale, elementare o complessa che sia, senza la quale la mia stessa vita potrebbe, in determinate circostanze, venire meno. Non voglio soffermarmi su quest'esempio legato alla condizione fisica di sopravvivenza. Osserverò, in modo forse banale, ma assolutamente più radicato nell'esperienza quotidiana di tutti, che per recarmi al lavoro non mi servo solo del famoso "cavallo di san Francesco", ma faccio ampio uso di mezzi che non esistono in natura e che sono il prodotto di un sapere tecnico che è cresciuto nel tempo, dalla scoperta della ruota a quella del vapore e dei motori a scoppio ed elettrici, fino alla simbiosi dei sistemi meccanici più raffinati con le combinazioni più avanzate dei prodotti cibernetici. Questi indubbi successi della tecnica, con le evidenti comodità che essa ha messo alla portata di molti, ci fanno comprendere come mai, nel tempo, sia sorto anche il partito opposto di coloro che la esaltano fino al punto di riporre in essa ogni fiducia, come se dalla tecnica ci si possa attendere la salvezza complessiva dell'uomo.

La tecnica a servizio dell'uomo

Questi due opposti estremismi, tanto la denigrazione ideologica della tecnica quanto la sua incondizionata esaltazione, si elidono a vicenda, proprio perché, in un caso come nell'altro, concludono all'annullamento dell'uomo. Un mondo privo di tecnica non sarebbe più un mondo umano. Viceversa, in un mondo in cui la tecnica fosse tutto, non ci sarebbe più posto per l'uomo; avremmo, al limite, un mondo popolato da robot. Perché queste due teorie opposte si annullano, terminando nella negazione dell'uomo? La risposta mi sembra semplice: sono due concezioni della tecnica elaborate a prescindere da una vera conoscenza profonda dell'uomo, il quale resta propriamente l'unico soggetto capace di porre sul tappeto la stessa questione della tecnica, in particolare a quale scopo essa sia nata e a chi debba servire. L'uomo, in realtà, resta anche l'unico fine o l'unico scopo al quale essa è destinata: deve perciò essere precisata la relazione che egli intrattiene con la tecnica. Possiamo chiarirla con una formula semplice: non è l'uomo a servizio della tecnica, ma è la tecnica a servizio dell'uomo. Questa verità attraversa e copre tutto l'arco della preistoria e della storia dell'umanità che ci conduce dall'*homo faber* all'*homo technologicus*.

La tecnica è, grosso modo, un insieme di regole che prescrivono i comportamenti o i procedimenti pratici e concreti adatti a raggiungere un determinato scopo. Per questa ragione la tecnica resta nell'ordine di ciò che è strumentale, ovvero di ciò che è funzionale al raggiungimento di un determinato obiettivo.

Il supremo vincolo etico della tecnica

Ora, essendo l'uomo nella sua integrità, cioè l'uomo considerato come persona e come essere sociale, l'inizio, il termine e la misura prossima di tutto ciò che si può tecnicamente intraprendere in modo lecito, risultano al tempo stesso segnati i limiti invalicabili che, dal punto di vista etico, si impongono alla tecnica. Non è vero che sia semplicemente lecito tutto ciò che è fattibile dal punto di vista tecnico, ma il contrario: tutto ciò che è tecnicamente fattibile trova una legittimazione e, al tempo stesso, un limite nel rispetto assoluto di ciò che costituisce la sua fonte e, insieme, il suo punto di arrivo, vale a dire l'uomo assunto nella sua integrità personale e sociale.

Rimarrà sempre vero che non si potrà mai, dal punto di vista morale, asservire l'uomo alla tecnica, nel senso di trattarlo come un mezzo per raggiungere alcuni risultati tecnici e scientifici, anche qualora si pensasse o si prevedesse che tali risultati potrebbero giovare all'uomo, singolarmente e socialmente preso. In casi simili ci si illuderebbe, ma sarà solo per una stagione brevissima, di avere fatto avanzare lo sviluppo dell'umanità.

Senso e valore delle scelte tecniche

Per quanto riguarda il vero sviluppo sociale dell'uomo, la Chiesa non ha soluzioni tecniche da suggerire, ma resta suo compito irrinunciabile quello di richiamare tutti a una riflessione fondamentale anche e soprattutto sul senso della tecnica, quando si voglia porre tale questione secondo la sua verità. Il valore diverso di una soluzione tecnica piuttosto che di un'altra è possibile vederlo solo quando si accetti di collocare il tema della tecnica nell'ampio orizzonte dell'essere umano e della vocazione cui è chiamata la singola persona e l'intera famiglia umana. È questa vocazione a fare luce sul senso ultimo dello sviluppo autenticamente umano ed è tale sviluppo umano a consentire di giudicare la validità o meno delle scelte tecniche da fare anche in campo economico e sociale. Perciò tutto dipende dalla conoscenza vera e profonda dell'uomo, della persona umana e dei suoi rapporti con gli altri esseri umani, a qualsiasi nazione, cultura, razza e religione essi appartengano.

A che cosa è chiamato l'uomo? Che cosa è costitutivo dell'essere umano?

La persona, a differenza di tutti gli altri esseri non umani, anziché perdersi nella superficialità, nella vana gloria dell'esteriorità e della dissipazione, è chiamata a compiere un esercizio di auto-coscienza. Rientrando in se stessa, essa diventa consapevole di sé e della propria differenza rispetto a tutto ciò che essa stessa non è: la singola persona non solo si differenzia da tutti gli altri soggetti umani e da tutto ciò che di fisico la circonda, ma diventa consapevole in modo profondo di se stessa proprio nello scorgere la sua rigorosa diversità rispetto a Colui che è semplicemente e necessariamente, cioè Dio.

Ciascuno di noi può fare questa esperienza: non appena ho coscienza di me, sono consapevole della mia mutevolezza e precarietà. Questa relazione che tiene insieme, in quanto creato, l'essere che può anche non essere (cioè la mia persona), all'Essere che non può non essere (cioè Dio creatore), è spontanea per il soggetto che riflette ed è logicamente necessaria, se si pensa che la nozione stessa dell'essere noi la cogliamo, appieno, nell'atto d'essere, vale a dire in noi stessi in quanto esistiamo. Ed è evidente che non potrei sapere che cosa sia essere mutevole e precario se non avessi al tempo stesso la nozione di un essere immutabile (almeno nel senso negativo di non mutabile) e necessario (almeno nel senso negativo di non precario). In altri termini, ho propriamente coscienza di me solo avendo consapevolezza di Dio, cioè al cospetto di Dio: ciò mi fa propriamente persona.

Essere davvero al cospetto di Dio non è un compito impossibile: richiede solo un ritorno completo in se stessi e una piccola indagine circa la consistenza del proprio essere e dell'essere di tutte le cose che sono attorno a noi.

Ha bene espresso questa esperienza s. Agostino nelle *Confessioni*, mentre andava cercando Dio: "Interrogai la terra, e mi rispose: 'Non sono io'; la medesima confessione fecero tutte le cose che si trovano in essa. Interrogai il mare, i suoi abissi [...] e mi risposero: 'Non siamo noi il tuo Dio; cerca sopra di noi'. Interrogai i soffi dell'aria, e tutto il mondo aereo con i suoi abitanti mi rispose: 'Erra Anassimene, io non sono Dio'. Interrogai il cielo, il sole, la luna, le stelle: 'Neppure noi siamo il Dio che cerchi', risposero. E dissi a tutti gli esseri che circondano le porte del mio corpo: 'Parlatemi del mio Dio; se non lo siete voi, ditemi qualcosa di lui'; ed essi esclamarono a gran voce: 'È lui che ci fece'. Le mie domande erano la mia contemplazione; le loro risposte, la loro bellezza" (s. Agostino, *Le Confessioni*, trad. di C. Carena, Einaudi, 1966, pp. 199-200, lib. X, 9).

Nel momento in cui la persona diventa veramente consapevole di sé è al tempo stesso consapevole di Dio, e sa di non essere Dio; nel momento in cui è consapevole di Dio è al tempo stesso consapevole di se stessa e di non essere Lui; insomma è consapevole di sé e di Dio nella relazione di dipendenza creaturale, in forza della quale essa è costituita come persona insieme con le altre persone nel mondo creato.

L'umanità universalmente chiamata a riconoscere Dio e la legge morale naturale

È questa la vocazione universale alla quale tutti gli uomini sono chiamati per contribuire allo sviluppo autentico dell'umanità. "Solo se pensiamo di essere chiamati in quanto singoli e in quanto comunità a far parte della famiglia di Dio come suoi figli, saremo anche capaci di produrre un nuovo pensiero e di esprimere nuove energie a servizio di un vero umanesimo integrale" (CV, 78).

Benedetto XVI insiste nella *Caritas in veritate* (CV, 16) nel riprendere la *Populorum progressio*, dove si afferma che "non vi è umanesimo vero se non aperto verso l'Assoluto, nel riconoscimento d'una vocazione, che offre l'idea vera della vita umana" (42), per ribadire, verso la fine dell'Enciclica, che "la chiusura ideologica a Dio e l'ateismo dell'indifferenza, che dimenticano il Creatore e rischiano di dimenticare anche i valori umani, si presentano oggi tra i maggiori ostacoli dello sviluppo. *L'umanesimo che esclude Dio è un umanesimo disumano*" (CV, 78). Quest'affermazione non discende solo e direttamente dalle fonti della fede e dalla tradizione plurisecolare dell'esercizio della carità diffusa nel mondo dal cristianesimo, ma si radica, come abbiamo visto, nella struttura stessa della persona umana e nella consapevolezza della dignità propria della società, in quanto formata da persone tutte chiamate a riconoscersi nella verità. Ogni essere umano, a qualsiasi razza e religione appartenga, è chiamato da Dio a riconoscersi, a prendere coscienza di sé davanti a Lui, nella sua identità creaturale, in comunione con tutte le altre persone che godono della stessa dignità di creature, invitate tutte insieme a essere partecipi della medesima felicità. La persona che, nell'atto di autocoscienza, riconosce la sua dignità di creatura e si risolve a vivere non solo con gli altri ma anche per gli altri, inducendo il proprio prossimo a condividere lo stesso ideale comune, sperimenta appieno il senso della propria libertà. Infatti, intraprendendo e praticando le opere dell'amore che esigono giustizia per tutti, riserva e impegna se stessa, in ogni istante, anche per Dio, nel compimento della sua volontà, significata anche dalle norme di quella legge naturale in cui si raccoglie la saggezza dell'umanità: "Occorre che l'uomo rientri in se stesso per riconoscere le fondamentali norme della legge morale naturale che Dio ha inscritto nel suo cuore" (CV, 68).

La tecnica a servizio della vocazione universale dell'umanità

La tecnica, altra forma di sapere teorico e pratico in cui si rivelano gli innumerevoli doni di Dio all'uomo, può contribuire allo sviluppo autentico dell'umanità se si lascia assegnare il proprio posto, a servizio dell'uomo, all'interno di questa vocazione universale. Diversamente essa può correre il rischio di cadere in una sorta di tentazione prometeica (cfr. CV, 68), nella quale si rivela tutta l'insipienza di un'umanità che non sa riconoscere se stessa e, rinnegando la propria vocazione, si dimostra incapace di apprezzare i doni di Dio e di servirsene per il vero sviluppo dell'umanità. Le applicazioni tecniche, infatti, nei più svariati campi delle attività umane, non accadono da sé, ma presuppongono sempre un discernimento intelligente e rispettoso delle circostanze, mediante un esercizio della libertà che non dovrebbe mai essere vissuto dalla persona e dalla società come la possibilità arbitraria di agire e di fare semplicemente a proprio capriccio.

Ogni persona retta è soggetto idoneo a promuovere il vero sviluppo dell'umanità, avvalendosi anche della tecnica

Ogni uomo capace di un giudizio vero sulle realtà, anche di tipo economico e sociale, che lo circondano e nelle quali si trova storicamente immerso è di sua natura aperto all'orizzonte sconfinato dell'essere, e dunque in definitiva a Dio stesso. La persona, in ogni suo giudizio vero sulla realtà, attinge, anche se solo in modo indiretto e non del tutto consapevole, alla Verità sussistente, in ultimo a Dio stesso; la persona, in ogni sua disponibilità a compiere qualcosa di buono, nell'apertura al bene sconfinato, si trova oggettivamente aperta a Dio stesso e in relazione con Lui, anche se in modo ancora bisognoso di tanta chiarezza che può essere fatta solo in maniera dialettica e critica, passando attraverso la salutare purificazione di molte ideologie che cercano di schiavizzare la mente e il cuore, e lasciandosi altresì illuminare e confortare dalla stessa rivelazione divina. Tale condizione costitutiva dell'essere umano è anche il fondamento oggettivo per una globalizzazione delle energie da impiegare nel perseguimento del bene della società. Su questi elementi costitutivi dell'essere umano si fonda anche la possibilità realistica di un ecumenismo che miri a far collaborare, in uno sforzo comune e condivisibile per il bene dell'intera famiglia umana, ogni uomo di buona volontà, a qualsiasi razza, nazione, cultura o religione appartenga.

Tutti gli uomini retti, debitamente formati in modo professionale, ma soprattutto animati da una ferma e illuminata volontà di agire in vista del bene comune, saranno in grado di servirsi in modo appropriato di varie tecniche che l'economia del momento gli suggerisce in vista di uno sviluppo integrale della società, ormai dappertutto globalizzata, alla quale appartengono. Ne consegue che "l'ingegneria finanziaria", "l'apertura dei mercati", "l'abbattimento dei dazi", "gli investimenti produttivi" e "le riforme istituzionali" (cfr. *CV*, 71) sono alcuni dei provvedimenti tecnici che certo da soli non bastano a ottenere un costante sviluppo effettivo delle condizioni economiche dell'umanità, ma possono produrre anche grandi effetti positivi, quando vengano assunti all'interno di un programma umanistico guidato da uomini retti e veramente votati a coltivare il bene comune della società.

La persona, l'imprenditorialità e l'azienda

Paolo Nusiner

Paolo Nusiner

Nato a Bergamo nel 1963, è laureato in Economia e Commercio all'Università Cattolica del Sacro Cuore di Milano. Dal 1988 al 1990 è impiegato presso la sede di Milano della società di revisione e certificazione dei bilanci Deloitte & Touche. Nel 1990 lavora presso la Commissione delle Comunità Europee a Bruxelles. Dal 1991 al 2002 è stato assistente del Direttore Generale di Italcementi S.p.A. Dal 30 ottobre 2002 è direttore generale di Avvenire Nuova Editoriale Italiana S.p.A., società editrice del quotidiano cattolico. Attualmente è componente del Consiglio Direttivo della Federazione Italiana Editori Giornali, del Consiglio Direttivo dell'Unione Cristiana Imprenditori e Dirigenti della Sezione di Milano e del Gruppo Regionale Lombardo e del Consiglio di amministrazione dell'Istituto per i Valori d'Impresa.

L'enciclica *Caritas in veritate* suscita una vastissima gamma di riflessioni in merito al nostro comportamento sociale. Da parte mia, leggendo il testo, ho cercato di lasciarmi interrogare sugli aspetti che più mi riguardano nel lavoro di ogni giorno, nella responsabilità della gestione di un'azienda, ma soprattutto nella prospettiva che ogni imprenditore e ogni dirigente si pone, ovvero di come interpretare in chiave di sviluppo la propria missione, nel tentativo di rendere l'attività imprenditoriale coerente con i dettami della dottrina sociale della Chiesa.

I valori d'impresa: un patrimonio della dottrina sociale da difendere

La prima riflessione scaturisce dall'importanza della pubblicazione dell'Enciclica sociale in questo momento. Chi come me opera in campo economico, nella gestione di un'impresa, e si pone come obiettivo quello della coerenza del proprio credo cristiano con l'impegno lavorativo, trova grande supporto dal vedere riaffermati e contestualizzati i principi della dottrina sociale della Chiesa. A mio parere, l'opportunità temporale della pubblicazione dell'Enciclica non è solo legata alla crisi finanziaria e globale che stiamo vivendo (pur essendoci nel testo importanti e utili riferimenti a riguardo), ma anche alla necessità che si sentiva da tempo di riportare al centro dell'attenzione del dibattito economico e aziendalistico il modello sociale cristiano.

In questi anni con i miei collaboratori abbiamo sperimentato un percorso di formazione manageriale che è servito proprio a dimostrare come le più moderne teorie di gestione aziendale (*leadership*, *mission*, *empowerment*, *sense marketing*, solo per citare alcuni esempi ben noti a chi si occupa di *management*) trovino la loro origine nei principi della dottrina sociale della Chiesa.

Il modello di sviluppo aziendale proposto dalla dottrina sociale permette di competere sul mercato con successo proprio perché integra la forte componente valoriale e motivazionale in ogni aspetto della gestione.

Il cammino intrapreso in azienda ci ha portato da un lato ad allargare il percorso di formazione coinvolgendo non solo i responsabili dei vari servizi, ma anche tutti i collaboratori, affinché ognuno si sentisse consapevolmente partecipe del progetto di sviluppo aziendale. Inoltre, l'approfondimento di queste tematiche ci ha permesso di ritrovare i più moderni principi di organizzazione aziendale – contestualizzati nella dottrina sociale della Chiesa – addirittura nei capitoli della *Regola* di s. Benedetto scritta nel 500 (ben 1.500 anni fa!) per proporre un modello di vita, ma anche per regolare l'organizzazione del monastero, stabilire i compiti e le responsabilità dell'abate, il processo di selezione e accettazione dei nuovi monaci, i ruoli e le attribuzioni all'interno della comunità. Con la necessaria contestualizzazione si è rivelato molto produttivo "accostarsi alla *Regola* per rielaborare concetti antichi come disciplina, impegno professionale, qualità personali, realizzazione dell'individuo, rapporti sociali, emancipazione e dignità del lavoro e trovare di conseguenza uscite nuove alle travolgenti problematiche dell'odierno tormento della globalizzazione e della massificazione" (p. Roberto Comolli OSB, premessa a Massimo Folador, *L'organizzazione perfetta. La Regola di San Benedetto. Una saggezza antica al servizio dell'impresa moderna*, Guerini e Associati, 2006).

Questo dimostra, qualora ce ne fosse bisogno, come i temi della corretta organizzazione e gestione aziendale siano un patrimonio originale della cultura cattolica di cui occorre rivendicare la paternità nell'ambito della proposta di un modello di sviluppo eticamente sostenibile.

Con forza, e molto opportunamente, nell'Enciclica Benedetto XVI ribadisce che non è una questione di etichette: "Occorre adoperarsi – l'osservazione è qui essenziale! – non solamente perché nascano settori o segmenti 'etici' dell'economia o della finanza, ma perché l'intera economia e l'intera finanza siano etiche e lo siano non per un'etichettatura dall'esterno, ma per il rispetto di esigenze intrinseche alla loro stessa natura" (*CV*, 45).

Occorre però la testimonianza: sta a noi che abbiamo la responsabilità della gestione aziendale impegnarci per concretizzare questi progetti di sviluppo realizzando col nostro lavoro modelli d'impresa che possano costituire un utile esempio anche per altri. "Lo sviluppo, il benessere sociale, un'adeguata soluzione dei gravi problemi socio-economici che affliggono l'umanità, hanno bisogno di questa verità. Ancor più hanno bisogno che tale verità sia amata e testimoniata. Senza verità, senza fiducia e amore per il vero, non c'è coscienza e responsabilità sociale, e l'agire sociale cade in balia di privati interessi e di logiche di potere, con effetti disgregatori sulla società" (*CV*, 5).

È un impegno non da poco, ma la sfida è entusiasmante!

Il lavoro, la persona e l'azienda

"Il primo capitale da salvaguardare e valorizzare è l'uomo, la persona, nella sua integrità" (*CV*, 25). È da questo richiamo che parte un'ulteriore riflessione. Nel suo compito l'imprenditore e il dirigente devono sempre chiedersi se ogni loro azione sia al servizio dello sviluppo integrale della persona e, in coscienza, rispondersi onestamente.

Non sempre è facile; nella vita di un'azienda sono molte le situazioni complesse che comportano scelte a volte anche dolorose. Al di là delle singole decisioni, è compito dell'imprenditore e del dirigente assicurare che in azienda si crei un ambiente in cui tutte le relazioni, sia interne che esterne all'organizzazione stessa, siano improntate alla valorizzazione della persona umana; spetta quindi all'imprenditore e al dirigente definire il quadro valoriale in cui l'azienda opera, comunicarlo con efficacia a tutti gli interessati (ai dipendenti innanzitutto, ma anche a tutti gli altri componenti del sistema di relazioni) e realizzare un progetto organizzativo coerente. Questo "si concretizza, in ultima istanza, in un 'processo' continuo ovvero nella capacità di adeguare costantemente la struttura organizzativa all'evoluzione del mercato, in sintonia con un quadro di riferimento valoriale costante" (*Contenuti del Progetto Organizzativo di "Avvenire"*, novembre 2003).

L'azienda come "comunità di persone" si realizza nella misura in cui tutti i suoi componenti operano in vista dello stesso scopo, interessati a valorizzare il proprio apporto ma anche, e proporzionatamente, a rendere positivi i risultati comuni. "Nel contesto di questo discorso è utile osservare che l'*imprenditorialità* ha e deve sempre più assumere un *significato plurivalente.* [...] L'imprenditorialità, prima di avere un significato professionale, ne ha uno umano. Essa è inscritta in ogni lavoro, visto come '*actus personae*', per cui è bene che a ogni lavoratore sia offerta la possibilità di dare il proprio apporto in modo che egli stesso sappia di lavorare in proprio" (CV, 41).

Questo richiamo di Benedetto XVI al "valore" dell'imprenditorialità che è insita in ogni lavoro mi riporta alla mente la parabola dei talenti e la sua contestualizzazione in ambito aziendale; a ciascun componente, quale che sia il ruolo ricoperto in azienda, è richiesto l'impegno personale a corrispondere al proprio dovere ma, se si intende valorizzare la persona nella sua integralità, può essergli richiesto anche un supplemento di intelligenza e di dedizione per evidenziare il suo talento mettendolo nelle condizioni di sentirsi parte e protagonista della vita dell'azienda. L'obiettivo è quello di contribuire a rendere quanti lavorano nell'azienda più solidali e coinvolti nel progetto da costruire e da vivere insieme.

È logica conseguenza che vi sia anche un'imprescindibile gradualità di responsabilità; a chi ricopre posizioni di governo in azienda è richiesto un maggiore impegno nel "trafficare" con lungimiranza, coraggio e sempre nuova spinta creativa i talenti che gli sono assegnati, nella consapevolezza che questo modo di agire è condizione di sviluppo dell'azienda stessa. Il manager assume le caratteristiche proprie del suo ruolo quando riesce a coniugare il cambiamento degli individui con quello collettivo dell'organizzazione dando origine a un sistema di relazioni integrato che rende l'azienda un'entità unica e inimitabile, al cui valore contribuiscono tutti i suoi componenti e il cui valore consiste proprio nella comunità che la costituisce.

La crisi e la nuova progettualità

Devo riconoscere che fin dai primi paragrafi ho trovato una forte carica motivazionale nell'esortazione di Benedetto XVI a reagire con determinazione alla profonda crisi che stiamo vivendo oggi e che per dimensioni ed effetti ha portata sovranazionale. Nella vita delle aziende molto spesso si attraversano momenti di difficoltà, a volte per la pressione concorrenziale, a volte per avverse condizioni congiunturali del mercato o, ancora, per modificazioni più strutturali dei settori produttivi in cui si opera. Ecco allora che "la crisi ci obbliga a riprogettare il nostro cammino, a darci nuove regole e a trovare nuove forme di impegno, a puntare sulle esperienze positive e a rigettare quelle negative" e diventa così *occasione di discernimento e di nuova progettualità*. In questa chiave, fiduciosa piuttosto che rassegnata, conviene affrontare le difficoltà del momento presente" (*CV*, 21).

È un suggerimento quanto mai prezioso per chi opera con responsabilità in ambito aziendale.

Efficienza, sviluppo tecnologico, profitto

Un altro degli spunti di riflessione che sono scaturiti dalla lettura dell'Enciclica riguarda il concetto di efficienza, che è uno dei capisaldi dell'economia aziendale con cui ogni responsabile di azienda si trova a confrontarsi quotidianamente e che più volte viene richiamato da Benedetto XVI.

Più di un riferimento viene fatto ai rischi di un efficientismo fine a se stesso, soprattutto se coniugato con il tecnicismo: "Questa visione rende oggi così forte la mentalità tecnicistica da far coincidere il vero con il fattibile. Ma quando l'unico criterio della verità è l'efficienza e l'utilità, lo sviluppo viene automaticamente negato. [...] *Ma la libertà umana è propriamente se stessa solo quando risponde al fascino della tecnica con decisioni che siano frutto di responsabilità morale.* Di qui, l'urgenza di una formazione alla responsabilità etica nell'uso della tecnica" (*CV*, 70).

È più che opportuno il forte richiamo ai rischi che sviluppo tecnologico, efficienza e tensione al profitto possono produrre se assolutizzati, soprattutto se intesi come fine dell'attività economica; ma è anche vero, e il Papa lo chiarisce con altrettanta enfasi, che questi fattori, se perseguiti come strumenti utili al raggiungimento di un reale sviluppo che abbia al centro la persona umana, diventano fenomenali strumenti di crescita. "Il profitto è utile se, in quanto mezzo, è orientato a un fine che gli fornisca un senso tanto sul come produrlo quanto sul come utilizzarlo" (*CV*, 21). Superata la dicotomia tra imprese finalizzate al profitto (profit) e quelle non profit, l'Enciclica ribadisce l'importanza di sviluppare aziende disposte "a concepire il profitto come uno strumento per raggiungere finalità di umanizzazione del mercato e della società" (*CV*, 46).

Per quanto riguarda l'efficienza, poi, il discorso è ancora più articolato, perché si allarga dalla vita delle aziende all'ampio ambito della tutela del creato e del rispetto per le future generazioni. "I progetti per uno sviluppo umano integrale non possono pertanto ignorare le generazioni successive, ma devono essere improntati a solidarietà e *a giustizia intergenerazionali*, tenendo conto di molteplici ambiti: l'ecologico, il giuridico, l'economico, il politico, il culturale" (*CV*, 48). Subito dopo vi è la precisazione che secondo me è fondamentale: "Uno dei maggiori compiti dell'economia è proprio il più efficiente uso delle risorse, non l'abuso, tenendo sempre presente che la nozione di efficienza non è assiologicamente neutrale" (*CV*, 50); e ancora: "*I costi umani sono sempre anche costi economici* e le disfunzioni economiche comportano sempre anche costi umani" (*CV*, 32), "*Così ogni decisione economica ha una conseguenza di carattere morale*" (*CV*, 37).

Sono affermazioni che non possono lasciare indifferenti.

Personalmente questo è uno degli aspetti che più mi ha fatto riflettere dell'Enciclica.

L'efficienza ha una sua valenza economica fuori discussione che per un manager significa perseguire l'uso razionale delle risorse aziendali.

Ma per un manager cristiano ha un'importanza ancora più alta: l'uso non efficiente delle risorse a disposizione (siano esse risorse umane o materiali), e quindi il loro spreco, ha implicazioni di ordine morale ed etico che coinvolgono non solo la sua responsabilità in campo aziendale, ma addirittura quella nei confronti delle future generazioni che abiteranno la Terra.

Pur rimanendo nell'ambito degli strumenti (e non dei fini) nell'ottica proposta da Benedetto XVI, il perseguimento dell'efficienza assume un rilievo quanto meno strategico all'interno degli obiettivi aziendali, proprio perché riferito al contributo che tutti siamo chiamati a dare, ognuno nel proprio settore e in base ai talenti ricevuti, al perseguimento del bene comune: "Ogni cristiano è chiamato a questa carità, nel modo della sua vocazione e secondo le sue possibilità" (*CV*, 7).

Credo che questo sia uno dei punti più innovativi della *Caritas in veritate*, che impegna tutti gli imprenditori veri, cioè tutti coloro che collaborano responsabilmente al progetto di sviluppo della propria azienda, secondo l'accezione di Benedetto XVI, a una profonda riconsiderazione del proprio lavoro, nella consapevolezza che "su questa via sarà possibile perseguire quello sviluppo umano integrale che ha il suo criterio orientatore nella forza propulsiva della carità nella verità" (*CV*, 77).

Globalizzazione e sviluppo.

Le sfide dello scenario internazionale

Roberto Rambaldi

Roberto Rambaldi
Nato a Milano nel 1955, è laureato in Economia politica alll'Università Luigi Bocconi di Milano. Nel 1983 è responsabile dell'Ufficio Progetti internazionali in Caritas Italiana a Roma. Dal 1984 al 1997 è vicedirettore di Caritas Ambrosiana. Ha insegnato in scuole socio-politiche e socio-pastorali della Diocesi di Milano, è stato socio fondatore e vicepresidente della cooperativa sociale Farsi prossimo e membro della delegazione ONG italiane nella CEE. Nel 1997 è Vicedirettore responsabile delle attività internazionali per Caritas a Roma. È membro dell'Executive Board di Caritas Europa e vicepresidente della Fondazione Giustizia e Solidarietà promossa dalla CEI. Dal 2004 è responsabile della costituenda Area Solidarietà Internazionale della Fondazione don Carlo Gnocchi.

Il processo di globalizzazione sta progressivamente pervadendo la comunità mondiale, accelerato dall'introduzione di tecnologie sempre più avanzate. La globalizzazione di capitali, mercati, accesso a beni e servizi, informazione e, a livello inferiore, di movimenti di popolazione ha inevitabilmente portato nuovi vincitori e sconfitti, ma anche una situazione che offre nuove sfide e nuove opportunità.

In mezzo a questi cambiamenti epocali, come si collocano i temi dello sviluppo internazionale? Le analisi affermano che negli ultimi decenni sono stati fatti notevoli passi avanti: diversi tra gli indicatori di sviluppo più significativi sono oggi in miglioramento in molte nazioni. Inoltre, se è vero che ci sono stati progressi, è altrettanto vero che la "forbice" del benessere tra le diverse aree del pianeta si è ancora allargata. Tuttavia il numero di persone che ancora non ha accesso ai diritti più elementari – la scolarizzazione primaria, l'acqua potabile, le cure sanitarie di base – resta drammaticamente elevato: si parla di centinaia di milioni di esseri umani. Appare ormai certo che gli Obiettivi di Sviluppo per il Millennio, lodevolmente fissati dalle Nazioni Unite, saranno raggiunti solo in parte. Né si pensi che l'attuale crisi non coinvolga le zone più povere del pianeta. Lo ha messo bene in luce la delegazione di Cardinali, Vescovi e associazioni del Nord e del Sud del mondo nell'appello *Per un'agenda di speranza*, in occasione del recente G8 dell'Aquila: "Sbaglia chi pensa che i Paesi poveri, sino a oggi ai margini dei mercati finanziari globali, siano meno colpiti dalle crisi. Le minori rimesse, le più scarse risorse destinate all'Aiuto Pubblico allo Sviluppo e alla cooperazione internazionale, la battuta di arresto degli investimenti diretti esteri e delle esportazioni, la svalutazione di molte monete, sono tutti indicatori di una crisi che principalmente colpisce le loro già fragili economie".

Tutto questo può indurre a un atteggiamento di sterile rassegnazione oppure può stimolare a un impegno sempre più attivo e partecipato per contribuire all'edificazione di un mondo più giusto.

Dalla 'Populorum progressio' alla 'Caritas in veritate': una serie di autorevoli testi ecclesiali di riferimento

Chi si è occupato della cooperazione internazionale nel corso degli ultimi quarant'anni, cercando e trovando motivazioni e principi basilari in un documento come la *Populorum progressio*, si è trovato più volte nella situazione di sentire proclamare come grandi novità asserzioni e linee che nel testo di Paolo VI trovavano spazio e chiarezza da anni. È quindi motivo di particolare gioia e apprezzamento che l'Enciclica di Benedetto XVI si riferisca soprattutto a tale lettera, riprendendo, valorizzando e aggiornando diversi temi, in continuità con quanto già riscontrabile in testi altrettanto autorevoli quali la *Sollecitudo rei socialis* (1987) e la *Centesimus annus* (1991) di Giovanni Paolo II. Ritengo che il grande contributo offerto dalla *Populorum progressio* sia proprio il superamento di una concezione lineare dello sviluppo, limitata agli aspetti economici e ad alcuni macroindicatori, che riduceva l'essere umano alle sue necessità fisiche.

Mi limito a ricordarne un passaggio fondamentale: "*l'autentico sviluppo dell'uomo riguarda unitariamente la totalità della persona in ogni sua dimensione*" (14); le cause del sottosviluppo, di conseguenza, non sono solamente di ordine materiale, ma vanno ricercate in altre dimensioni. Su queste basi nella *Populorum progressio* si legittima nuovamente il contributo di orizzonte, di pensiero e di azione, proprio della Chiesa: "Tutta la Chiesa, in tutto il suo essere e il suo agire, quando annuncia, celebra e opera nella carità, è tesa a promuovere lo sviluppo integrale dell'uomo" (14). Quanti progetti, quante campagne di sensibilizzazione, quante iniziative si sono basate su tali affermazioni negli ultimi decenni!

Oggi il compito rinnovato è quello di tradurre le indicazioni contenute nell'Enciclica in coerenze di vita, in scelte coraggiose, in sforzi di ricerca e di sperimentazione, in iniziative mirate e trasversali, che permettano di passare dalle illuminate indicazioni di orizzonte al raggiungimento di risultati concreti, che da troppo tempo intere popolazioni attendono. Per dirla con la *Novo millennio ineunte* (Giovanni Paolo II, 2001), "si tratta di continuare una tradizione di carità che ha avuto già nei due passati millenni tantissime espressioni, ma che oggi richiede ancora maggiore inventiva" (50).

In particolare per i cristiani e per la Chiesa si tratterà di riscoprire nei poveri i tratti del volto di Dio, spesso sfigurato e senza bellezza alcuna. Ripartire dai più bisognosi non sarà scelta escludente perché di parte, né impegno di pochi, ma fedeltà al progetto di Dio, oltre che dovere di coerenza tra professione di fede e stile di vita: "L'elevazione dei poveri è una grande occasione per la crescita morale, culturale e anche economica dell'intera umanità" (*Centesimus annus*, 28).

Un rinnovato impegno

a) Recuperare e ampliare i percorsi virtuosi

Occorre cercare le esperienze che negli scorsi decenni

hanno preso sul serio l'invito del magistero a investire in progetti di sviluppo integrale dell'uomo e l'hanno tradotto in concretezza. Bisogna studiare in profondità gli esiti di tali sforzi: gli ostacoli superati, i successi, i limiti, la ripetibilità, la possibilità di diffonderli e di estenderli su scala più ampia.

Gli esempi positivi non certo mancano. Anche nel solo territorio dell'Arcidiocesi di Milano sono stati promossi numerosi progetti che meritano approfondimenti: iniziative grandi e piccole, in un solo Paese o trasversali, integrate o di settore, in rete o frutto di singole iniziative.

Partendo dallo studio di tali successi, sarà opportuno attivare sinergie sempre più profonde tra i diversi attori, istituzionali e non, prestando la massima attenzione a raccordarsi con rappresentanti davvero liberi da secondi fini e da interessi particolari di qualsiasi tipo.

Nuovi progetti, più ampi e organici potranno essere attivati, mettendo in azione un circolo virtuoso da monitorare e accompagnare. Chiaramente la valenza etica dovrà essere una caratteristica trasversale delle iniziative; non dovrà accadere che un progetto di sviluppo agricolo abbia un impatto negativo sull'ambiente o che la controparte locale non sia coinvolta fin dalle prime fasi, quelle dell'analisi di contesto, studio di fattibilità e progettazione.

Il livello più elevato e la visione ampia potrebbero essere l'occasione per ulteriori e sempre migliori sperimentazioni di un equilibrato e corretto rapporto tra solidarietà e sussidiarietà.

b) L'esperienza della campagna giubilare per la riconversione del debito

La storia, anche recente, insegna che, seppure con molta fatica, una strada di questo tipo è percorribile: ripenso all'esperienza della campagna giubilare per la riconversione del debito pubblico internazionale promossa dalla Chiesa italiana, che raggiunse gli obiettivi di una maggiore informazione a livello di grande pubblico, di promozione di un'adeguata normativa e di una sperimentazione concreta in due Paesi africani, con un intervento su scala ridotta rispetto alle dimensioni del fenomeno, ma riproducibile ad altri livelli.

c) L'impegno per la pace e la riconciliazione

Analogamente l'impegno di diverse realtà sui temi della pace e della riconciliazione dimostra che per quanto difficile, insidioso e lungo sia questo percorso, le progettazioni attente al recupero della capacità di convivenza e di collaborazioni delle parti precedentemente in lotta sono le uniche che producono frutti sul lungo termine.

In tale direzione va la presenza ormai pluridecennale nei Balcani o nella zona dei Grandi Laghi in Africa di testimoni silenziosi che, lontani dai riflettori, operano affinché le nuove generazioni non siano di nuovo vittime di brutalità e violenze, lavorando con le persone senza accettare di essere schiacciati al ruolo di "ambulanza della storia", per sanare le ferite che altri provocano.

Il grande sacerdote ambrosiano, di recente beatificato, don Carlo Gnocchi così fissava le cause delle guerre, con parole di drammatica attualità: "La guerra affonda le sue radici in un precedente disordine morale. La guerra non nasce soltanto da un'ingiustizia economica, razziale, sociale o da una rivoluzione d'ordine politico. La guerra nasce dalla colpa, nasce dal peccato. La superbia degli uomini e l'egoismo delle potenze più sviluppate e dotate di mezzi economici, la cupidigia e l'ottusità delle nazioni più ricche, l'odio suscitato ad arte tra razze di sangue diverso, la sfiducia reciproca tra grandi e piccole nazioni o l'instabilità dei rapporti internazionali, la prepotenza, l'arbitrio dei governanti, la concezione edonistica della vita: tutto ciò corrode e mina le basi su cui poggia la vita degli individui e delle nazioni". Da qui nasce il suo invito a concentrare gli sforzi più sulle persone che sulle cose: "Se ricostruire bisogna, la prima e fondamentale di tutte le ricostruzioni è quella dell'uomo. Bisogna ridare agli uomini una meta ragionevole di vita, una ferma volontà per conseguirla e una chiara norma di moralità. Bisogna rifare l'uomo. Senza questo, è fatica inutile ed effimera quella di ricostruirgli una casa che, fra poco, egli stesso distruggerà con le proprie mani dissennate" (don Carlo Gnocchi, *Restaurazione della persona umana*.

d) La conoscenza del contesto. L'esempio delle persone con disabilità

Mi preme sottolineare l'importanza della conoscenza del contesto per raggiungere un buon esito dei progetti, soprattutto se di ambito più sociale che tecnico. Prendo l'esempio dell'esperienza relativa agli interventi per le persone con disabilità. In molti luoghi è ancora vivo lo stigma nei confronti di questi soggetti: pregiudizi che si perdono nel tempo e che renderebbero vano qualsiasi tentativo di lavoro per e con i disabili, perché difficilmente si riuscirebbe a entrare in contatto con loro, con le famiglie, e a farne capire le possibilità di percorsi educativi e di inserimento professionale.

Mi scrive un missionario: "Quando una donna partorisce un bambino handicappato, tutti nel villaggio pensano che qualche disastro dovrà succedere. In poche parole la gente ritiene che gli 'spiriti maligni' sono entrati in quella casa. Quindi la coppia che ha un bambino o una bambina disabile in casa si ritrova sola nell'assistere il bambino. Questo causa il deperimento del bimbo, che spesso viene abbandonato a casa da solo (gli adulti vanno a coltivare i campi) oppure assistito dai fratelli o dalle sorelle poco più grandi".

Se non si affrontano alla base situazioni di questo tipo, diverrà sforzo inutile o quantomeno incompleto avviare in quei Paesi strutture riabilitative di tipo occidentale. È certamente importante mettere in luce quanto la scienza ha prodotto, ma sono altrettanto importanti la presenza e il dialogo a livello culturale.

e) L'importanza dell'informazione. Iniziative e campagne. Il caso delle emergenze internazionali

Occorre continuare in questo sforzo per una corretta e profonda informazione, di cui c'è ancora molto bisogno: troppo spesso si sentono generalizzazioni, semplificazioni che non distinguono tra le aree del fanatismo e quelle del dialogo, esacerbando così contrapposizioni che non possono non avere conseguenze negative.

La professionalità di alcuni operatori del settore e la capillarità delle presenze sul campo, specialmente di riferimento ecclesiale, sono in grado di rendere possibile l'accesso a un'informazione seria, non urlata, continuativa, slegata dalle contingenze e a servizio della popolazione più in difficoltà.

La *Caritas in veritate* invita giustamente ad appoggiare e a potenziare gli sforzi di quanti sono impegnati in campagne di sensibilizzazione e in iniziative concrete capaci di portare nelle nostre case una maggior conoscenza della drammatica quotidianità in cui vive tanta gente.

Occorre però esercitare un sano discernimento tra le proposte e sostenere quelle più meritevoli. Sempre più di frequente lo scenario internazionale porta all'attenzione del grande pubblico situazioni drammatiche dovute a emergenze di diversa natura: spaccati parziali ma significativi della situazione in aree povere del mondo o comunque in difficoltà. Sono così divenute di uso corrente espressioni come "catastrofe umanitaria" o "emergenza umanitaria" da un lato e "aiuti umanitari" o "agenzie umanitarie" dall'altro.

A volte si coglie una sensazione di grande confusione nell'opinione pubblica, anche perché comprensibilmente l'attenzione dei media si concentra sulle fasi più acute delle crisi.

Non esistono più corridoi sicuri dove assistere (fuori dai giochi) le vittime. Nelle emergenze più complesse l'informazione e l'ambito umanitario sono divenuti loro malgrado attori della partita. Di fronte a queste situazioni non basta la macchina organizzativa dei soccorsi internazionali, pur fondamentale e insieme difficile da mettere in funzione; occorre uno sforzo più significativo, che operi nella prevenzione e nella formazione delle coscienze, attraverso i valori più profondi dell'umanità, sanciti da altisonanti dichiarazioni di principio troppo spesso negate nella quotidianità.

f) La sfida della multiculturalità

La *Caritas in veritate* riserva qualche passaggio anche al fenomeno delle migrazioni – in particolare il paragrafo 62 –, una realtà storica che oggi assume connotazioni di grande importanza per diversi motivi. Chi non si sente interpellato? Chi non ha occasione di misurarsi con tale fenomeno? Pur non negando gli evidenti problemi connessi ad alcune situazioni particolari, credo sia doveroso raccogliere l'invito, più volte ribadito dal cardinale Tettamanzi, a una maggiore conoscenza di quanto sta avvenendo, con la capacità di andare oltre i fatti di cronaca per cogliere fatiche e successi, storie e sofferenze.

Il numero dei lavoratori (spesso qualificati) positivamente inseriti nel contesto italiano, l'ammontare delle rimesse, il reddito prodotto, l'opportunità di scambio culturale sono dati inconfutabili che non possono essere messi ai margini del dibattito. Anche dal punto di vista religioso il nuovo pluralismo in atto è destinato, prevedibilmente, a porre a dura prova la nostra limitata competenza in campo biblico e religioso, costringendo il mondo della scuola, dell'informazione e della formazione permanente a un impegno davvero serio e approfondito verso un'inedita pedagogia interreligiosa. "Come tutte le novità, una simile situazione potrà recare paura e indurre a chiusure identitarie, ma anche stimolare a un vero e proprio salto di qualità: occorrerà innanzitutto un cambiamento di mentalità, maggiore disponibilità all'ascolto delle ragioni degli 'altri', una conoscenza diretta a partire non solo da una documentazione più articolata ma altresì dall'incontro nella quotidianità e nello scambio dialogico interpersonale. Ci sarà bisogno di un nuovo vocabolario del dialogo, basato sull'identità, l'empatia, l'ascolto, l'accoglienza. Dovremo investire, ecclesialmente e civilmente, sull'educazione al dialogo, interculturale e interreligioso: una scommessa tanto ardua quanto assolutamente necessaria" (Brunetto Salvarani, *Educare al dialogo interreligioso*, intervento sul tema "Dialogo tra le religioni tra rispetto e identità", 13 maggio 2006).

Un nuovo ordine internazionale

Così si esprimeva il cardinale Martini quasi un decennio fa: "C'è pure bisogno di dare vita a un nuovo diritto internazionale. Occorre la concertazione tra i Paesi e il consolidamento di un ordine democratico internazionale, con Istituzioni nelle quali siano equamente rappresentati gli interessi legittimi di tutti i popoli. Si tratta quindi di mirare a un 'governo mondiale', di cui quelli 'regionali', compreso quello europeo, sono da vedere come tappa e, in qualche modo, prefigurazione" (*Pace e guerra nel XXI secolo*, intervento al Forum di Relazioni Internazionali, 12 luglio 2000).

Personalmente mi ritrovo perfettamente in questa visione di grande prospettiva e respiro.

La *Caritas in veritate* ribadisce la necessità che le più eccelse menti dell'umanità trovino il modo per porre le basi verso un impegno epocale, passando attraverso l'urgente riforma delle Nazioni Unite (*CV*, 67). Non mancano segnali, acerbi ma comunque incoraggianti e forse impensabili solo qualche tempo fa, come per esempio la creazione, nel 2002, della Corte Penale Internazionale.

Lo sforzo per accompagnare i processi di democratizzazione sarà destinato a fallire se non si terrà in conto la storia e la cultura di ciascun Paese. Non si può infatti pensare di esportare un solo modello; occorrerà crearne e trovarne di diversi, adatti ai differenti patrimoni storico-culturali, senza cedere alle lusinghe degli aspetti più negativi della globalizzazione.

Come ha messo in luce il giornalista Jean Léonard Touadi per il suo continente d'origine: "Quest'Africa, in bilico tra l'attrazione fatale di una modernità trappola o miraggio guidata dagli altri e un'identità violentata e lacerata ma ancora viva e attuale, stenta a ritrovare una bussola culturale in grado di guidare il suo mutamento e la sua necessaria apertura al mondo" (*Guerre d'Africa. Spia del disordine morale*, 5 marzo 2005).

A livello nazionale, è fondamentale ribadire il richiamo alle garanzie proprie dello Stato di Diritto (*CV*, 41). È necessario un forte richiamo al rispetto dei diritti umani più elementari. Parimenti è doverosa la condanna ferma e assoluta di pratiche disgustose quali lo sfruttamento dei cosiddetti "bambini soldato", il lavoro minorile, che riguarda decine di milioni di ragazzi e ragazze, la tratta a fini di sfruttamento sessuale. Su temi di tale delicatezza, vergogna per l'intera umanità, non c'è spazio di mediazione: occorre andare alle radici dei problemi e condannare gli interessi che attivano tali lucrose pratiche.

Conclusioni

La coscienza cristiana è chiamata a leggere i segni dei tempi, mantenendo la propria capacità critica e riproponendo profeticamente, anche nelle situazioni più difficili, le ragioni della pace, della fiducia e della speranza con il massimo di coerenza nell'esercizio delle responsabilità a cui si è chiamati.

Tutto questo è utopia?

Preferisco chiamarlo cammino.

In una società cresciuta sì nel benessere materiale, ma che ne sopporta anche le conseguenze devastanti, è proprio l'amore preferenziale per i poveri, del quale troviamo testimoninanza nei Vangeli, che rende possibile a Dio ciò che è impossibile agli uomini.

Per un'economia aperta alla gratuità

Luigino Bruni

Luigino Bruni
Nato ad Ascoli Piceno nel 1966, insegna Economia politica alla Facoltà di Economia dell'Università di Milano-Bicocca. Si occupa di Economia sociale, di Storia del pensiero economico e di Economia di Comunione. Tra le sue ultime pubblicazioni *Benedetta economia* (Città Nuova, 2008), con Alessandra Smerilli, e *L'impresa civile* (Egea, 2009).

La novità dell'Enciclica in economia

Alcune encicliche dei Papi hanno segnato tappe epocali nella storia. La *Rerum novarum* (1891) diede voce a tutto un movimento culturale e sociale che cercava una risposta alla crisi posta dalla questione sociale generata dal primo capitalismo industriale. La *Quadragesimo anno* (1931) rappresentò, in un momento oscuro per l'Italia e per l'Europa, un grido di libertà e di fraternità simboleggiate dal "principio di sussidiarietà", che risuonò come un programma di liberazione civile in quell'età buia. La *Populorum progressio* (1967), in una fase di contestazione sociale e culturale che già denunciava i limiti del capitalismo di seconda generazione, rappresentò per un'intera generazione che usciva dal Concilio, dentro e fuori la Chiesa, un manifesto per un impegno sociale, economico e politico.

La *Caritas in veritate* è un altro evento che scandisce la storia dell'oggi. L'ultima Enciclica di Benedetto XVI deve essere salutata con gioia e speranza da chi opera nell'ambito civile, economico o politico. Essa rappresenta, allo stesso tempo, una continuità con l'insegnamento sociale della Chiesa, e un'importante innovazione sulla quale si dovrà riflettere molto nei prossimi anni.

Il Papa invita già nelle prime righe della lettera a superare una delle contrapposizioni più radicali della nostra società, quella cioè tra l'ambito o la logica del dono e della gratuità e l'ambito o la logica del mercato. Questo bisogno di unità è il cuore del messaggio della *Cari-*

tas in veritate e ne rappresenta un punto di straordinaria forza profetica. Niente come la gratuità è assente oggi dal dibattito economico, dai mercati e dalle imprese. Chi parla di gratuità in economia viene preso per ingenuo, mistificatore («Che ci sarà sotto?»), e in ogni caso dannoso per il funzionamento dei mercati e delle imprese.

Infatti da una parte la gratuità viene confusa (snaturandola) con il "gratis" o con la filantropia e dall'altra il dono è scambiato con il regalo o con il gadget delle imprese, che svolgono la stessa funzione del "vaccino": inseriscono nel corpo un pezzettino del virus che vogliono combattere. Immettendo nella società dei "pezzettini" di dono, ci si immunizza dal dono, tragico e doloroso, di cui la società dei consumi ha paura.

In realtà, come ci ricorda il Papa, la gratuità rimanda alla "*cháris*", la grazia (altro che gratis: la gratuità è pesante!), e all'"*agápe*", la parola greca che i latini hanno tradotto con "*caritas*", o, in certe tradizioni, con "*charitas*", dove CH indicava ancor più chiaramente il legame tra "*agápe*" e "*cháris*".

La gratuità è infatti grazia, poiché è dono non solo per chi riceve atti di gratuità, ma anche per chi li compie. La capacità di amare gratuitamente accade in noi e ci sorprende sempre come quando siamo capaci di ricominciare dopo un grosso fallimento o di perdonare gli errori gravi degli altri. È questa gratuità che il mercato capitalistico non conosce, e che invece questa Enciclica ci chiama a mettere al centro anche dei nostri rapporti economici, politici, sociali, dove sembra addirittura impossibile, ma dove già sono in tanti a viverla, nell'economia "civile e di comunione" (*CV*, 46).

L'economia civile è quell'insieme di esperienze, e oggi anche di teorie economiche, che nascono dal primato del principio di reciprocità e del principio di gratuità. Essa include le tante esperienze dell'economia sociale, ma anche quelle imprese, ordinarie o commerciali (S.p.A., società di persone, imprese individuali...) che operando nei mercati si ispirano a tali principi. È questo il caso del progetto dell'Economia di comunione, nato nel seno del Movimento dei Focolari nel 1991, ma che oggi si estende ben al di là di esso. Le imprese che aderiscono all'Economia di comunione (EDC) si impegnano a informare alla cultura del dare e della reciprocità l'intera vita e missione aziendale, e destinano i loro profitti a tre scopi: l'aiuto a persone svantaggiate, la formazione a una cultura di comunione e lo sviluppo dell'impresa stessa. L'EDC dà poi vita a dei "poli produttivi" in diversi paesi del mondo, con l'obiettivo di far sorgere dei laboratori di questa nuova economia, a servizio di tutta l'economia civile.

Si comprende allora perché il Papa inviti fortemente a superare la distinzione tra non profit e for profit: non esistono ambiti o settori della gratuità, ma ogni impresa, al di là della sua forma, è chiamata alla gratuità, che è la cifra dell'umano. Se un'impresa, sia essa for profit o non profit, non è aperta alla gratuità non è un'attività umana, e quindi non può portare frutti di umanità. E si capisce anche perché: Benedetto XVI ci ricorda che il profitto non può e non deve essere lo scopo dell'impresa, ma solo una tra le tante finalità, non certo la più importante.

Rilanciando la gratuità nell'economia, l'Enciclica richiama il mercato alla sua vocazione d'incontro tra persone libere e uguali ed è una critica radicale al capitalismo (proprio per questo il termine non è mai citato nel testo). Salveremo il mercato e il suo portato di civiltà solo superando questo capitalismo, verso un'economia civile e di comunione.

Che cos'è, veramente, la gratuità?

La vita in comune sarebbe impensabile senza comportamenti ispirati alle gratuità, perché al di fuori della gratuità non c'è incontro pienamente umano con l'altro, non si genera autentica fiducia senza la quale né il mercato né la società possono funzionare. Se, infatti, eliminassimo con un esperimento mentale la gratuità dalle ordinarie faccende economiche, le nostre organizzazioni produttive e molti dei nostri mercati reali imploderebbero nello spazio di un mattino.

La sfida dell'economia civile è rivendicare il valore, anche economico, di una relazionalità a più dimensioni, aperta al contratto ma anche all'incontro con l'altro ispirato a gratuità. Il mercato, invece, è stato pensato e definito dalla modernità come il luogo idealtipico della nongratuità. La gratuità è necessaria anche al mercato "normale", purché, qui sta il punto, resti gratuità. "*Hic rodhus hic salta!*" È questo il fenomeno che qualcuno chiama "il paradosso dell'etica degli affari": l'etica negli affari funziona, produce cioè anche buoni risultati, a condizioni che sia seguita come un valore in sé e non per i buoni risultati che essa produce. In realtà, questo paradosso è stato intuito già dal pensiero antico. Per Aristotele, ad esempio, l'azione virtuosa è praticata per il suo valore intrinseco, e poi, solo come effetto indiretto, produce anche benefici individuali. Questa è l'idea chiave dell'*Etica Nicomachea*, ma la ritroviamo già nel pensiero di Platone e di Socrate: "La virtù (*areté*) non deriva dalla ricchezza, ma dalla virtù provengono la ricchezza e tutti gli altri beni per gli uomini, sia come privati sia in quanto comunità" (Platone, *Apologia di Socrate*, 30b).

La gratuità produce anche buoni risultati economici se non è utilizzata a scopo di profitto: non si lascia strumentalizzare. L'economia civile non è *solo* gratuità (ha altri principi co-essenziali), ma la gratuità è una sua dimensione fondante e identitaria – non c'è economia civile *senza* gratuità. Per questo suo essere dimensione fondativa dell'umano, eccedente rispetto all'economia o alle scienze sociali, la gratuità è un concetto estremamente difficile da definire nelle sue declinazioni economico-sociali. È anche questa difficoltà che spiega perché nella letteratura sociale, soprattutto quella economica, non troviamo una riflessione sistematica sulla gratuità. Si incontrano, e sempre più, parole semanticamente confinanti come "dono", "altruismo", "reciprocità", ma la gratuità resta indefinita.

Innanzitutto, possiamo affermare di avere a che fare con la gratuità tutte le volte che un comportamento è posto in essere per motivazioni intrinseche e non primariamente per un obiettivo esterno al comportamento stesso. Quando si attiva la dimensione della gratuità, la strada da percorrere è importante quanto la meta da raggiungere. La motivazione intrinseca è condizione necessaria, sebbene non sufficiente, perché si possa parlare di gratuità o di comportamenti umani (solo l'umano conosce il gratuito) ispirati da gratuità.

La categoria antica che più spiega che cosa sia la gratuità è l'"*agápe*". Neanche l'*agápe* è *solo* gratuità, ma non c'è comportamento a essa ispirato *senza* gratuità. Questa condizione necessaria serve già a distinguere la gratuità dall'altruismo o dalla filantropia, esperienze possibili anche senza motivazioni intrinseche. Il dono può essere gratuità oppure non esserlo, quando prevale la dimensione dell'obbligo. Un'altra parola che coglie questo aspetto necessario della gratuità è "innocenza", quella dimensione che troviamo soprattutto nei bambini: il bambino che gioca senza nessun altro scopo che non sia il gioco stesso esprime questa dimensione della gratuità.

La condizione sufficiente perché si possa parlare di gratuità è l'orientamento intenzionale dell'azione verso il bene: questo esclude dall'esperienza della gratuità il bambino che gioca (non basta essere bambini per vivere la gratuità, ma è necessario recuperare questa dimensione del bambino da adulti). Il "bene" verso cui è orientata l'azione non va poi inteso necessariamente come "bene dell'altro" o altruismo, ma in modo più generale e ontologico. Gratuità è anche il comportamento di quella persona anziana che, sebbene viva sola, si riassetta bene il letto e si prepara il pranzo con cura per esprimere la propria dignità di persona. Come è gratuità il comportamento di chi, come racconta Primo Levi, in un campo di concentramento decideva di fare un "muro dritto", nonostante non fosse utilizzato da nessuna persona, e "non servisse a nulla".

La gratuità è dunque una sorta di trascendentale, una dimensione che può accompagnare qualsiasi azione. Per questo essa non è il "gratis", anzi è proprio il suo opposto, poiché la gratuità ha un prezzo infinito, che può essere contraccambiato solo con un altro atto di gratuità (o dono). Invece oggi la nostra società confonde "gratuità" e "gratis", e per questo la disprezza rendendo anche il mercato un luogo poco umano.

La gratuità non va invece contrapposta al doveroso, o al contratto. A questo proposito mi viene in mente un episodio.

A Montevideo qualche anno fa alcune donne vivevano chiedendo l'elemosina davanti a dei supermercati. A un certo punto un'impresa dell'Economia di Comunione iniziò un progetto di sviluppo con quelle donne. Nacquero così delle cooperative per produrre lavori di artigianato, dei fazzoletti ricamati. Arrivò così il giorno che queste donne tornarono, dopo anni, a vendere i fazzoletti, frutto del loro lavoro, proprio di fronte a quei supermercati dove per anni avevano chiesto l'elemosina, "doni", alla gente. I primi tempi le persone davano ancora l'elemosina, i soldi, ma non volevano il fazzoletto, finché una di quelle donne disse: "Se non vuoi il fazzoletto, noi non vogliamo i soldi". Anche questo è dono, è gratuità, è riconoscimento dell'altro, è reciprocità.

La gratuità ha dunque un grande valore, anche economico. Basterebbe questa ragione per comprendere perché l'economia non dovrebbe ignorarla, come invece normalmente fa.

Per renderci conto di quanto valga la gratuità basti pensare che ciò che rende l'amicizia, l'amore, la preghiera e la bellezza i beni più preziosi della nostra vita è proprio il loro essere essenzialmente *faccende di gratuità*. Infatti, se ci pensiamo un attimo, è proprio la gratuità che fa un amico "vero" diverso da uno opportunista, che rende una famiglia altro da un insieme di scambi di beni e servizi, un'opera d'arte non solo una merce e la preghiera differente dalla magia o dalla superstizione. Tutti sappiamo, quindi, cos'è la gratuità sul piano dell'esperienza concreta, tutti la cerchiamo e soprattutto soffriamo quando la smarriamo in noi, negli altri, o quando viene tradita.

Molte esperienze di economia sociale hanno la propria forza nella valorizzazione della gratuità, e poiché nascono per "vocazione" hanno proprio lo specifico sapore della gratuità, perché forse solo ciò che ha origine da una chiamata interiore può essere davvero gratuito, perché davvero libero. Infatti, solo dove abita la libertà c'è gratuità, e solo la gratuità è veramente libera.

La gratuità è, quindi, una di quelle parole "profonde" che sono, al tempo stesso, particolari e universali, come "bellezza", "amore", "verità", "libertà", o "comunione". Queste parole hanno in comune una caratteristica: in ciascuna sono contenute anche le altre: una vita buona *non è solo* bellezza, verità e libertà, ma, al tempo stesso, libertà, verità e bellezza *da sole* dicono l'essenza di una vita buona, che è tale solo se in comunione con gli altri e con la natura.

La cultura della modernità ha cercato di relegare la gratuità nella sfera privata, espellendola decisamente da quella pubblica. In particolare l'ha espulsa dalla sfera economica: all'economia bastano i contratti, gli incentivi, le buone regole e gli interessi. La gratuità non è una parola dell'economia, al punto che la si è confusa con l'altruismo o con la filantropia, o si è cercato di sostituirla con le merci: non è forse vero che ci riempiamo di cose, di roba, soprattutto quando avvertiamo la mancanza della gratuità (cioè di rapporti interpersonali genuini) nella vita delle nostre città? E se l'attività economica perde definitivamente contatto con il territorio della gratuità pone le premesse della sua implosione, e quanto osserviamo nelle attuali economie reali ce lo sta dicendo in un modo sempre più forte e chiaro.

Conclusioni

Dopo la prima Enciclica sulla carità e la seconda sulla speranza, potevamo attenderci la terza sulla fede. E in effetti così è stato, poiché solo una visione dell'uomo, un'antropologia che crede la persona fatta a immagine di un Dio-comunione, con impresso *made in Trinity* nel suo essere, può raccogliere l'invito alla gratuità anche in questo mondo, in quest'economia. Su questa scommessa antropologica risiede anche la speranza che l'economia annunciata possa non essere un'u-topia (un non luogo), ma un'eu-topia (un buon luogo). Il luogo dell'umano.

Costruire insieme il bene e lo sviluppo di tutti gli uomini

Alberto Ratti

Alberto Ratti
Nato a Milano nel 1987, studia Economia all'Università Cattolica del Sacro Cuore di Milano. Impegnato fin dai tempi del liceo nell'ambito ecclesiale e in quello socio-politico milanese, è appassionato e studioso della storia del movimento cattolico in Italia. Collabora con l'organizzazione dei corsi socio-politici "Date a Cesare quel che è di Cesare" della Diocesi di Milano. Attualmente è presidente del gruppo FUCI Giuseppe Lazzati dell'Università Cattolica di Milano.

La *Caritas in veritate* è un'enciclica carica di realismo e nello stesso tempo di speranza. Da studente di economia attendevo con trepidazione di sapere cosa il Papa avesse da dire sull'economia e sulla finanza alla luce della fede cristiana, sulla crisi attuale e sulle prospettive per uscirne, sul rapporto esistente tra la *Caritas in veritate* e le altre importanti encicliche che costituiscono il *corpus* della dottrina sociale della Chiesa.

Proprio in merito alla crisi che stiamo attraversando, fin dall'inizio del testo, Benedetto XVI sottolinea come essa possa divenire "occasione di discernimento e di progettualità" (*CV*, 21): il Pontefice ci invita a guardare avanti con il desiderio di "metterci in gioco" per elaborare e realizzare nuove strade, soluzioni innovative per il progresso e lo sviluppo dei popoli.

Il richiamo che viene fatto sembra indirizzato alle nuove generazioni e quindi anche a me.

Il mondo dei giovani, come ha sottolineato il cardinale Tettamanzi, è chiamato a rimboccarsi le maniche e a prendere in mano il proprio futuro «con il Vangelo nel cuore» (discorso alla XIII Assemblea diocesana dell'Azione Cattolica Ambrosiana, 24 febbraio 2008): questo è il tempo per poter iniziare a costruire città più accoglienti e inclusive, per poter dialogare con tutti gli uomini di buona volontà, credenti e non credenti, per poter reinserire nelle relazioni sociali ed economiche quella solidarietà universale che "oltre a essere un fatto e un beneficio, è per noi cristiani un dovere" (Paolo VI, *Populorum progressio*, 17).

Bisogna innanzitutto partire dal proprio vissuto e dalla propria quotidianità, dalle università e dai luoghi di lavoro, dalle famiglie e dalle parrocchie, per poi poter pensare di modificare anche le Istituzioni.

La carità nella verità dobbiamo saperla vivere tutti i giorni!

A me giovane, e a ciascuno di noi, è richiesto un ripensamento degli stili e dei modi di vivere, una riflessione sulla morale personale: "il problema decisivo è la tenuta morale della società" (*CV*, 51). L'Enciclica sottolinea come "la carità sia la via maestra della dottrina sociale", una carità che risplende solamente nella verità. La carità, dice il Papa, deve caratterizzare tutti i rapporti, da quelli interpersonali a quelli istituzionali.

Mi fa particolarmente impressione leggere queste affermazioni in un tempo nel quale ciò che contraddistingue la maggior parte delle relazioni è l'interesse personale e "l'altro" (inteso sia come persona che come istituzione) è visto solo come qualcuno che vuole toglierti qualcosa.

Nel leggere alcuni passi dell'Enciclica mi sono venute in mente i legami con i miei genitori e con i miei amici e in particolare la situazione giovanile di oggi. Vivo le mie giornate cercando di essere solidale e aperto con tutti? Come mi rapporto con i miei conoscenti? Rinchiuso in me stesso, spesso devo riscoprire l'importanza della carità e della solidarietà e di queste far traboccare la mia vita. La vita diventa vissuta appieno solo quando si fa dono – in quanto a me è stata donata – e quando viene offerta senza volere niente in cambio, perché ho capito che sono stato gratuitamente amato.

L'impegno politico, per esempio, è indicato dalla Chiesa – come affermava Paolo VI – come "la forma più esigente di carità". Perché oggi, invece, noi giovani vediamo la politica come qualcosa di lontano e distaccato? Perché disprezziamo una delle modalità più importanti per aiutare gli altri? Personalmente desidero che le comunità cristiane ritornino a essere luoghi in cui discutere e dialogare di tematiche socio-politiche, senza dividersi e spaccarsi ideologicamente al loro interno. Per questo noi giovani delle parrocchie dobbiamo essere rieducati all'impegno politico e poi aiutati nella nostra integrale formazione: in questo senso la *Caritas in veritate* non può che essere il centro e il fondamento della formazione umana del cristiano.

Sono molto grato e riconoscente alla mia Diocesi, che da due anni organizza per i giovani dei percorsi di formazione all'impegno sociale e politico; è stato importantissimo e utilissimo creare un luogo di incontro e di dibattito, proprio per la possibilità che è data alle nuove generazioni di elaborare e pensare a delle soluzioni di umanesimo integrale per il futuro, come ci chiede di fare Benedetto XVI.

Negli ultimi tempi si è persa, anche in Italia, l'idea di popolo come insieme di persone che cercano il bene della comunità senza anteporre interessi personali ed egoistici.

La politica si è lasciata andare a pessime manifestazioni e ha pensato più alla conservazione di se stessa che al proprio compito primario, quello di permettere una sana convivenza fra i cittadini e di costruire la città dell'uomo a misura d'uomo.

Una vera riforma della politica e della mentalità comune sarà possibile solo se – noi giovani soprattutto – saremo in grado di incarnare e perseguire i valori dell'umanesimo integrale, la carità nella verità, e se saremo coerenti testimoni che hanno a cuore l'uomo e la sua dignità. Oggi, in un tempo in cui sembrano essersi rotti tutti i legami e i vincoli sociali, in un'epoca dominata dall'egoismo, dall'immoralità e dall'individualismo, siamo chiamati a vivere per gli altri e con gli altri.

Oltre a questo, ritengo siano importanti i momenti di

spiritualità e di preghiera, centri propulsori e colonne portanti della vita del credente cristiano.

Anche su questo aspetto l'Enciclica fa riflettere profondamente: la Chiesa, infatti, non si stanca mai di riproporre con forza il collegamento fra etica della vita ed etica sociale.

Ogni azione personale, qualsiasi essa sia, ha una ricaduta nell'ambito sociale.

"Non è isolandosi che l'uomo valorizza se stesso, ma ponendosi in relazione con gli altri e con Dio" (*CV*, 53): il Papa mi richiama alla prima e più importante relazione da coltivare, quella con il Signore. Questa ontologica dipendenza da qualcun altro mi obbliga ad aprirmi agli altri: da solo, sono nulla! Solo nel rapporto con gli altri posso meglio comprendere la mia personalità, le mie potenzialità e metterle a servizio del bene comune.

Un pensiero, poi, leggendo l'Enciclica, non è potuto non andare alle persone più bisognose, agli emarginati della nostra società e agli immigrati. Lo stesso Benedetto XVI dice al paragrafo 62: "Ogni migrante è una persona umana che, in quanto tale, possiede diritti fondamentali inalienabili che vanno rispettati da tutti e in ogni situazione". Siamo davvero convinti di pensarla così, anche fra noi cristiani e nelle nostre comunità? Il Papa ci invita a vivere di carità anche nei confronti degli stranieri e del diverso. Il progresso dell'umanità e lo sviluppo dei popoli si misurerà nei prossimi anni nel dialogo fra culture differenti e nella capacità di sapere e sapersi integrare.

Vanno abbattute le barriere e i pregiudizi che ci siamo creati, così da iniziare a condividere strade comuni: bisogna iniziare a conoscersi, a vivere accanto gli uni agli altri, mettendo in comune le proprie esperienze e i propri vissuti.

Sogno Paesi dove si possa guardare agli stranieri non come alieni, ma come fratelli, non come persone che abitano solamente la nostra stessa città, ma come uomini con cui condividiamo una comunità, uniti a noi in uno sforzo comune, appunto, di fratellanza.

Dobbiamo imparare a ritrovare il nostro personale sviluppo nella ricerca dello sviluppo di tutti i popoli. Credo spetti a noi cristiani fare il primo passo in nome della figliolanza comune, di cui spesso ci riempiamo troppo la bocca e che dovremmo, invece, cominciare a vivere e testimoniare con serietà.

Riguardo ai temi più prettamente economici l'Enciclica non dà soluzioni tecniche (non è il suo compito), ma in linea con l'insegnamento della dottrina sociale indica i fondamenti valoriali che devono guidare il mercato e l'economia. Innanzitutto analizza la situazione degli ultimi trent'anni, descrivendo i maggiori cambiamenti avvenuti: il più importante è stato sicuramente la globalizzazione, "che ha stimolato da parte dei Paesi ricchi la ricerca di aree dove delocalizzare la produzione di basso costo al fine di ridurre i prezzi di molti beni, accrescere il potere di acquisto e accelerare il tasso di sviluppo centrato su maggiori consumi per il proprio mercato interno" (*CV*, 25). Questo ha fatto sì che al centro di tutto venissero posti il guadagno e la crescita economica, a discapito delle persone più povere e delle loro esistenze. La crescita economica fine a se stessa non è sinonimo di sviluppo; il primo capitale che va salvaguardato, afferma Benedetto XVI sempre al paragrafo 25 dell'Enciclica, è l'uomo, la persona nella sua integrità. Da qui il Papa ribadisce che "senza forme interne di solidarietà e di fiducia reciproca, il mercato non può pienamente espletare la propria funzione economica" (*CV*, 35) e, ancora, "l'attività economica non può risolvere tutti i problemi sociali mediante la semplice estensione della logica mercantile" (*CV*, 36). Anche l'economia deve essere indirizzata al perseguimento del bene comune, al bene dell'uomo.

Il Papa inserisce nel suo discorso sul rifondamento dell'economia il principio di gratuità e la logica del dono come espressione della fraternità.

In tutti questi anni, al contrario, l'economia è stata mossa e governata da logiche diametralmente opposte! Sull'uomo e sulla sua dignità hanno prevalso dinamiche di mero profitto e di efficienza. Spesso vorrei che in università i miei professori ricordassero che l'economia ha al centro e come obiettivo lo sviluppo dell'uomo e non la massimizzazione del profitto e l'efficienza, che, inoltre, non sempre implica l'equità...

La *Caritas in veritate*, secondo alcuni commentatori, sembrerebbe anti-capitalistica. C'è in essa sicuramente una critica severa al capitalismo così come è andato affermandosi negli ultimi vent'anni, ma ciò che il Papa denuncia con maggiore forza è l'abbandono di un ancoraggio etico. Anche il profitto deve necessariamente avere una funzione sociale e non privatistica.

Il mondo odierno ha teorizzato la netta separazione fra l'economia e il sociale, fra l'economia e l'etica. L'attuale crisi è figlia di questa concezione tecnicista dei rapporti economici. Benedetto XVI afferma al paragrafo 45 dell'Enciclica: "L'economia ha bisogno dell'etica per il suo corretto funzionamento; non di un'etica qualsiasi, bensì di un'etica amica della persona".

Speravo proprio che il Papa dicesse queste cose e con vigore indicasse la buona strada per umanizzare il sistema produttivo, diventato oggi sempre più centrale e importante nella vita degli Stati. Un'umanizzazione che può essere perseguita instaurando regole chiare e semplici e di cui i giovani devono farsi carico.

L'Enciclica lascia ampio spazio alla creatività e all'inventiva: c'è bisogno di ripensare i modelli che fino a oggi hanno guidato i nostri sistemi economici.

Guardo con speranza a un'economia che riduca le disuguaglianze e che permetta anche ai paesi del Terzo

Mondo di vivere dignitosamente e in piena umanità; sogno una produzione e un consumo intelligenti, capaci di rispettare l'ambiente e la natura che ci circondano, doni incommensurabili di Dio all'umanità; desidero una finanza che sappia accompagnare e curare i risparmi degli investitori, che si ricordi delle fatiche e del sudore che stanno dietro al denaro guadagnato; spero in sistemi economici senza eccessi né scorciatoie, dove la sobrietà e il lavoro diventino la bussola, dove ciascuno possa concorrere e cooperare alla crescita collettiva.

È importante che vi siano imprese all'interno del sistema economico che "perseguano fini sociali e mutualistici" (*CV*, 38), così da civilizzare l'economia. Viene rimarcato il fondamentale apporto allo sviluppo degli enti e delle società non profit e nello stesso tempo l'importanza della responsabilità sociale del consumatore, che con le sue decisioni può determinare le scelte delle imprese (*CV*, 66).

Ancora, rientrano in gioco gli stili di vita di ciascuno: il vero cambiamento deve avvenire nei nostri comportamenti. Il Papa invita ciascuno a un cambio di rotta e di mentalità radicali. Non dobbiamo cadere nell'errore di pensare che l'Enciclica sia rivolta solo agli organi internazionali e a coloro che hanno responsabilità politiche.

A essere interpellati per primi siamo noi!

L'autentico cambiamento e lo sviluppo umano integrale richiedono la nostra conversione e un nostro nuovo modo di guardare e concepire le cose.

C'è, inoltre, da parte del Papa la ragionevole convinzione che "l'adesione ai valori del Cristianesimo è elemento non solo utile, ma indispensabile per la costruzione di una buona società e di un vero sviluppo umano integrale" (*CV*, 4).

Nella conclusione dell'Enciclica, infine, Benedetto XVI dice che "lo sviluppo ha bisogno di cristiani con le braccia alzate verso Dio nel gesto della preghiera, cristiani mossi dalla consapevolezza che l'amore pieno di verità, *Caritas in veritate,* ci viene donato" (*CV*, 79). Questo è il messaggio più bello che ci viene lasciato e la sfida più importante: essere consapevoli che tutto quello che abbiamo e che conosciamo è un dono, frutto dell'atto d'amore più grande della storia, il sacrificio di Cristo.

Umanizzare l'economia e la società significa in ultima analisi portare Cristo all'uomo, motore imprescindibile per uno sviluppo integrale dei popoli.

L'augurio è che vi possano essere fin da subito e nel futuro persone, soprattutto giovani cristiani, che incarnino e vivano la carità e la fraternità in tutti gli aspetti della loro esistenza, per il bene e lo sviluppo dell'uomo, di tutti gli uomini.

CONCLUSIONI

Etica e capitale

Dionigi Tettamanzi

L'etica e le pagine di 'caritas' già scritte

Sono preziosi i contributi che hanno arricchito le mie riflessioni in questo volume perchè rappresentano il coro, ossia le tante persone che spesso, senza clamori ma con singolare efficacia, si prodigano nella società lasciandosi animare dai grandi valori umani, in particolare dall'etica: questa, in realtà, è assolutamente necessaria affinché l'economia possa tornare a essere e a rimanere a servizio dell'uomo e della società, del loro autentico sviluppo.

Questo libro avrebbe potuto essere ulteriormente arricchito di contributi di persone impegnate in altri ambiti: nella politica, nella ricerca, nella comunicazione, nella scuola, nell'assistenza alla persona, nel Terzo Settore, nel volontariato, nell'industria, nel terziario. Sono veramente numerosi coloro che quotidianamente – e in silenzio – portano avanti il proprio impegno lavorativo e sociale fondandosi su valori autentici, operando secondo quei valori e quelle esigenze su cui ci istruisce e ci impegna a riflettere l'enciclica *Caritas in veritate*.

Le scelte di alcuni (non sono in grado di valutare se siano pochi o tanti) senza scrupoli, animati esclusivamente dalla bramosia di accrescere il proprio capitale e, dunque, senza positivi riferimenti etici hanno causato e contribuito ad aggravare la crisi che stiamo attraversando. Allora mi domando: quanto l'agire ordinario delle persone che hanno ben saldo il riferimento etico ha permesso alle nostre economie, alle realtà imprenditoriali piccole e grandi, ai sistemi di protezione sociale, di non essere eliminati?

Certo, questa crisi sta colpendo con violenza, ma dobbiamo pure considerare attentamente quanto più disastroso avrebbe potuto esserne l'effetto se tante persone non avessero agito in modo retto. Non sto parlando delle scelte solidaristiche che hanno rinforzato o che si sono sostituite – più o meno parzialmente – al welfare per sostenere chi ha sofferto i mali della crisi. Mi riferisco, invece, a quell'operare attento, responsabile e illuminato di chi, sia nella stagione dei profitti facili sia nei giorni della difficoltà, ha voluto e saputo non derogare alla via maestra dell'etica, anche in economia. Questa rete silente ma operosa e feconda di persone, che hanno agito in modo singolo o organizzato, è stata ed è il miglior antidoto per prevenire gli effetti irreversibili di questa crisi e di ogni altra crisi futura.

Ci sono già non poche persone che vivono animate da questa *nuova caritas* e a esse noi dobbiamo essere grati. E ora è il momento di mostrare gli effetti concreti, i benefici reali della loro azione. Il 14 settembre 2009 si è celebrato quello che convenzionalmente viene definito il primo anniversario dall'inizio della crisi: il fallimento del primo grande istituto bancario. È venuto il tempo di smettere il racconto dei fallimenti che hanno rischiato di trascinare l'economia in un baratro senza ritorno e di parlare invece delle storie ordinarie, quotidiane e nascoste di chi ha continuato ad agire secondo principi etici, saldi e limpidi, e così facendo ha permesso all'economia di non crollare definitivamente.

Sono storie che aprono alla speranza. Storie che mostrano come l'amore, la ricerca e la pratica della verità sono più diffusi di quanto non si pensi. Storie che istruiscono su come la dottrina sociale della Chiesa sia accolta e vissuta da tante persone e sui benefici complessivi che essa assicura all'intero sistema economico e sociale: è la dimostrazione migliore di come questo ambito importante del magistero della Chiesa non sia solo una buona teoria, ma una pratica promettente e condivisa.

Per scrivere nuove pagine

Quanto è fecondo percorrere con convinzione la via dell'etica anche nel mondo dell'economia! Lo è stato nel passato, lo è oggi, lo sarà nel futuro. Ma si tratta di una via non semplice. Chiede una conversione e la forza di andare controcorrente!

Me ne rendo conto considerando i cambiamenti della "mia" città, Milano. In questi anni da Vescovo della Diocesi ambrosiana ho assistito alla veloce transizione – da molti definita "di fine secolo" – che ha portato la metropoli a vivere e a organizzarsi, non solo in economia ma in ogni ambito della vita sociale, in un modo nuovo. Ho visto rapidamente dissolversi la città fordista, quando i ritmi della vita della città erano regolati dai tempi delle sirene delle grandi fabbriche, e ho visto nascere la città post-industriale. Un momento difficile per Milano e per tutta la vita economica del Paese, reso ancor più complicato da un altro fenomeno, nuovo e antico al tempo stesso: la migrazione.

Da sempre, dall'inizio della sua storia, l'identità di Milano è la sintesi tra chi in città c'è da più tempo e chi ci è giunto da poco, immigrando da terre lontane. Questo fenomeno chiede di essere letto con occhi nuovi. Oggi più che mai Milano è diventata la porta di ingenti flussi migratori che attraversano la Lombardia e l'Italia intera. Questi flussi non indicano forse concretamente il definitivo radicarsi della globalizzazione? Ha ancora senso allora, pensando alla vita delle nostre città, agire secondo logiche di chiusura entro il proprio territorio, in difesa delle identità particolari, animati da spiriti iper-localistici, secondo schemi di protezionismo economico e culturale?

Una stagione nuova si è aperta, nella quale il lavoro industriale ha ceduto il passo al terziario, dove non c'è più il posto fisso, spesso tramandato da padre in figlio, bensì la precarietà, la flessibilità. Un momento storico in cui il welfare – prima garantito dallo Stato e dal tessuto sociale ordinario come la famiglia, le reti di vicinato, il solidarismo del territorio – è in crisi: c'è bisogno quindi di maggior solidarietà, perché lo Stato non riesce più ad arrivare a tutti. Serve un nuovo mutualismo adeguato ai tempi. C'è bisogno di un nuovo rapporto con le banche, sempre più grandi, anch'esse globali, e un modo diverso (o forse un sano ritorno all'antico?) di essere banca, più attento al territorio. Serve il coraggio per tornare e restare in mezzo a tutti coloro che abitano le nostre città. Occorre accettare e vincere la sfida di tradurre in pratica dentro questa nuova realtà di città quanto la *Caritas in veritate* ci propone e quanto non poche persone in modo profetico già vivono, senza attendere momenti migliori, senza aspettare che le difficoltà passino per poter poi agire, senza immaginare che spetti ad altri – le Istituzioni o le grandi realtà economiche – fare il primo passo.

Qui e ora dobbiamo darci da fare, tutti, come comunità cristiana ma anche come singoli fedeli, come aziende e come singoli dipendenti. Come Stato e Istituzioni, ma insieme come singoli cittadini.

Così il magistero sociale della Chiesa – in particolare l'enciclica *Caritas in veritate* – si arricchirà di nuove pagine: pagine scritte dalla vita della gente, pagine di storia di un'economia che è al servizio dell'uomo e del suo benessere più complessivo.

Da un'attenta riflessione sulla storia mi rendo conto del grande e decisivo cambiamento che stiamo vivendo oggi. Guardando ai decenni che abbiamo attraversato, al secolo che ci siamo lasciati alla spalle, è facile notare come siamo passati da una società con *mezzi* (anzitutto economici, ma non solo) *scarsi* ma con *fini certi* – la casa per la famiglia, l'università per i figli, la sicurezza in banca, un modello educativo condiviso, un ordine sociale apparentemente stabile, addirittura la certezza su come si nasceva e come si moriva – a una società con *abbondanti mezzi economici* e tecnologici ma con *fini incerti*, con molta confusione e frammentazione sugli obiettivi complessivi e condivisi. Questi fini incerti sono il segno dell'individualismo caratteristico dei nostri tempi, che genera e si accompagna con la *solitudine*. Se con i mezzi scarsi del secolo scorso la solidarietà di classe fra uguali era quasi una realtà naturale, oggi assistiamo a una guerra di tutti contro tutti, percepiamo l'altro come una minaccia al nostro benessere. E assistiamo, così, a quella contrapposizione, a quella rottura del dialogo tra le tante componenti della città. Se poi l'altro è qualcuno che proviene dall'esterno dei confini della nostra comunità e la minaccia è percepita ancora come più grande, allora si recupera un minimo di unità, ma unicamente per coalizzarsi contro lo straniero.

Solo attraverso una nuova coesione sociale possiamo capire e vivere in modo adeguato la complessità che avanza. E solo così possiamo scrivere nuove e desiderate pagine di "carità nella verità".

Milano verso un nuovo modello di capitale

Milano non è una capitale nel senso proprio del termine. Sì, qualche volta nella sua più che bimillenaria storia capitale lo è stata: ai tempi dell'Impero romano d'Occidente, più recentemente con Napoleone. Ma la relativa brevità di queste esperienze mostra l'accezione più vera della denominazione di "capitale" da assegnare alla città ambrosiana. Milano è e può realmente essere considerata capitale perché, come afferma il suo stesso nome (*Mediolanum* significa "in mezzo alle terre"), è posta nel cuore di una regione abitata da tempi immemorabili, un territorio al crocevia di numerose vie di comunicazione. Non soltanto città nel senso convenzionale del termine, ma luogo di incontro, di scambio, di relazioni sempre nuove.

Anche oggi Milano conserva i tratti di una città internazionale. Lo dimostra la fittissima rete che la collega all'Europa e al mondo.

Ma il capoluogo lombardo, assieme al territorio che la circonda e che fa tutt'uno con essa, ha anche altre caratteristiche e responsabilità. Milano, ad esempio, ha sempre precorso molte delle tendenze – soprattutto sociali, culturali ed economiche – in atto nel nostro Paese: nel bene e nel male, naturalmente. Dall'industrializzazione prima alla terziarizzazione poi, ha anticipato anche di decenni quanto sarebbe avvenuto nel resto del Paese. Proprio per questo ha avvertito per prima la crisi.

Ma "capitale", a partire dall'uso corrente di questo vocabolo in economia, dice anche il suo essere risorsa. Anzi, propriamente parlando, l'economia parla di "capitale" soprattutto in riferimento alle risorse investite, ad esempio, in un'impresa, in un progetto capace di creare nuovo lavoro, nuove utilità e, di conseguenza, di generare nuove risorse disponibili per ulteriori imprese e progetti. Risorse da impiegarsi in vista di finalità condivise e non da trattenere per sé sterilmente, nella passiva attesa di ottenere profitti senza alcun investimento anche di capitale umano e sociale.

In questo senso, possiamo dire che Milano dispone anche oggi di enormi risorse: è una città i cui capitali non sono rilevabili soltanto a partire dai listini di Borsa, ma le cui potenzialità spesso attendono una progettualità che le metta a frutto a beneficio di molti. Penso alla Milano del lavoro, dell'imprenditoria, del commercio, della finanza: quante risorse potrebbero essere investite più e meglio e quante persone, a cominciare dai giovani, potrebbero essere inserite nel tessuto lavorativo della città, e non rimanerne fuori, emarginate!

Penso poi a Milano come alla casa di molti cittadini: dai più anziani a quelli che vi risiedono da decenni, fino ai nuovi arrivati; da chi vive in appartamenti lussuosi a chi ha spazi ridottissimi per la propria famiglia e a chi rimane nella nostra città soltanto per periodi brevi, legati a progetti di studio, di lavoro, o magari per ricevere le debite cure sanitarie. E penso soprattutto a chi non dispone neppure di un tetto sopra la testa, o quanto meno di una casa in condizioni accettabili! È mai possibile che oggi, a Milano, non si riesca ancora a trovare una soluzione soddisfacente al problema abitativo? Tempo fa i parroci della città mi hanno mandato una lettera nella quale mi lanciavano il loro appello accorato: "La scarsità di appartamenti in affitto a prezzi accessibili sta trasformando Milano in una città di *case senza abitanti*, perché edificate e acquistate come forma di investimento, e di *abitanti senza casa*" (*Lettera dei parroci di Milano all'arcivescovo di Milano cardinale Dionigi Tettamanzi*, Triuggio, 23 gennaio 2008). Non aggiungo altro: *intelligentibus pauca*...

Penso ancora alla Milano della cultura, dedicatasi nel tempo alle più alte forme rappresentative dell'umano e che trova uno dei suoi centri vitali nel mondo universitario. Sì, parlo di "mondo universitario": si tratta infatti di una realtà costituita da migliaia di docenti e ricercatori impegnati negli ambiti più svariati, e frequentato ogni giorno da ben duecentomila alunni. E proprio a questo universo, fondamentale perché Milano metta a frutto il proprio patrimonio di ricerca umanistica e scientifica, mi rivolgo, sia perché non smarrisca l'irrinunciabile dimensione etica del sapere (anche l'etica appartiene al patrimonio filosofico-scientifico dell'umanità!), sia perché, su queste basi, provveda a formare nei giovani personalità mature, oneste, e non soltanto preparate sul piano conoscitivo e tecnico.

Potrei proseguire a lungo nell'elencare, una per una, le prerogative di una città che davvero può essere "capitale". Questo non per affermare il prestigio di Milano, ma perché sono convinto che le spetti un compito irrinunciabile: divenire sempre più fulcro di una società che appassionatamente pensa, lavora, coltiva i valori dello spirito, si apre, si incontra, ma non si preoccupa di mettere al primo posto la difesa delle posizioni raggiunte.

Milano potrebbe scoprire così una nuova vocazione: diventare capitale etica e morale del suo territorio, reagendo in modo definitivo a un passato che l'ha vista purtroppo protagonista di scandali connessi all'illegalità. Dalla consapevolezza dei danni provocati da un uso non etico delle sue risorse potrebbe trarre gli stimoli per essere la protagonista di un percorso nuovo. Proviamo a immaginare cosa cambiarebbe, qui e altrove, se Milano diventasse capitale di un'economia del dono e di una solidarietà sociale non intesa come semplice ammortizzatore sociale!

"Capitale" in senso ultimo, infatti, è soltanto quello che fonda il suo criterio di verità nell'etica. Vera capitale (nel senso della città, della comunità civile) è soltanto quella che pone al primo posto della sua agenda i valori e le esigenze della moralità, che è sinonimo di umanità. Lo scriveva il grande filosofo e teologo s. Tommaso d'Aquino: "Atti morali e atti umani sono la stessa cosa" (*Summa Theologiae*, I-II, 1,3) e prima di lui il nostro s. Ambrogio annotava che "la moralità si dice propriamente dell'uomo" (*In Lucam*, Prefazione, 7).

Milano capitale morale ed etica? Noi lo vogliamo sperare. È la speranza cristiana, non un'illusione o il semplice gettare avanti lo sguardo in modo ingenuo. È il coraggio di credere che unicamente da comportamenti veri, trasparenti ed etici può nascere una nuova città. Solo cittadini nuovi potranno *dare un'anima a nuove città*. In questo occorre investire tutta la fiducia e l'operosità di cui i milanesi da sempre sono capaci e impegnarci tutti insieme. Perché come le più alte cime non si raggiungono che in cordata, così soltanto insieme, comunità cristiana e comunità civile, potremo far crescere la nostra città.

Mi si dirà che quel "tutti" unito a "insieme" è eccessivo, utopico. Ma è un "tutti" inteso non in senso puramente statistico, bensì riferito a quella parte sana, onesta, attiva, propositiva che è presente e operante nella città e che è capace di spronare anche tutti gli altri. Secondo la narrazione biblica della Genesi (18,16-33), la presenza di "dieci giusti" può bastare a salvare un'intera città. Ci saranno o no dieci giusti a Milano? E se invece di dieci fossero cento, mille, centomila? E se questi giungessero a contagiare positivamente anche tutti gli altri, non abiteremmo davvero un'altra città, capace a sua volta di influire favorevolmente sulle altre?

Ruggiero Bonghi, in occasione dell'Esposizione del 1881, scrisse: "Penso al passato, guardo al presente, intravedo l'avvenire e sempre più mi convinco che, non da un vano orgoglio, né da una falsa cortigianeria, venne dato a Milano dai milanesi, e riconosciuto da tutti gli italiani, il titolo di capitale morale del nostro Paese". L'Expo 2015 dovrebbe, almeno nelle intenzioni e negli auspici, confermare questo primato morale, civile ed economico della città. Saprà esserne all'altezza? Come non sperarlo, tutti insieme e di cuore?

Non sono soltanto auspici, auguri e speranze quelli che ho qui confidato. In questi anni, durante tutti i tempi di cambiamento ho sempre trovato grandi aiuti. Nel Vangelo – per il cristiano unica e irrinunciabile sorgente dell'etica – e nella fede innanzitutto: come ogni credente, assistito dalla forza, dall'intelligenza e da tutti i doni dello Spirito Santo, ho potuto continuare a sperare anche nei momenti difficili, a vedere i germogli di novità e di vita anche laddove a dominare era il triste e cupo spettacolo delle difficoltà. E tra i segni e i frutti incoraggianti che lo Spirito ha saputo suscitare, far crescere e imporre al mio sguardo c'è quella che il sociologo Aldo Bonomi chiama con definizione acuta "comunità di cura", quell'insieme di persone che trasformano la propria vita in un servizio agli altri in tutti gli ambiti: nell'impegno professionale, in famiglia, nel volontariato. Persone che agiscono singolarmente con forti motivazioni etiche e religiose o che si associano con altre in organizzazioni le cui sigle (cattoliche e laiche) tutti conosciamo.

Non oso immaginare quali sarebbero le condizioni di vita per i milanesi senza questa "comunità di cura". Non voglio pensare alla gravità dei problemi sociali senza questa rete capace di realizzare quei "miracoli" della solidarietà, spesso nascosti ma reali, che ogni giorno si compiono e che permettono alla nostra città e ai suoi cittadini di continuare a vivere in modo dignitoso. Solo per citare un esempio, non sarebbe stato possibile istituire il Fondo famiglia-lavoro.

Milano non è persa, è ancora una città fortemente animata dal desiderio di "cura", di inclusione, di essere comunità. È ancora vivo, forse soffocato da troppi egoismi, personali e corporativi, quell'*humus* che ha reso possibile il glorioso solidarismo ambrosiano del quale si è parlato in queste pagine. È partendo da questa "comunità di cura" che si combattono l'individualismo e la solitudine, nemici della solidarietà.

Occorre riprendere i rapporti con la comunità operosa, la Milano della nuova economia, del terziario, dei flussi migratori: *ci deve essere alleanza tra cura e operosità.* Sì, perché se la "comunità di cura" e quella degli operosi (gli autori dei contributi di questo volume ne sono i rappresentanti) sapranno allearsi, allora l'incertezza del futuro farà meno impressione, i problemi sociali troveranno un argine attivo, le povertà che affliggono la nostra città e chi la abita troveranno risposta e aiuto. E si abbatterà il più grande nemico dei nostri tempi: la paura.

Questa è dunque la più alta e moderna forma di *caritas in re sociali*: ridonare speranza a chi l'ha persa nella solitudine della paura.

Indice